# 歴史のなかの上ケ原

## 西宮市上ケ原、古墳から震災まで

中村直人

関西学院大学出版会

# はじめに

本書は、兵庫県西宮市の上ケ原という地域の歴史について、古代から現代まで、六章にわたって述べたものです。

西宮市といえば、全国的には阪神甲子園球場（阪神タイガースの本拠、高校野球の大会会場）の所在地として知られ、歴史的には酒造業（西宮・今津は灘酒の産地の一つ）や西宮神社（全国夷神の総本社。正月十日の「十日えびす」は多くの参詣者で賑わう）などで著名な地域です。兵庫県の南東部、大阪と神戸のちょうど中間に位置します。市域は南北に細長く延び、北は宝塚歌劇団の本拠宝塚大劇場のある宝塚市、東は阪神工業地帯の一翼を担う工業都市尼崎市、西は高級住宅地で有名な芦屋市、北西部の山地は神戸市北区と境を接し、南は大阪湾に面しています。西宮市の中心は、阪急電鉄・ＪＲ西日本・阪神電車の三路線が並走し、工場・商業施設や学校・住宅地などが集中する、西宮旧市街を含む南部の地域です。同市は大阪・神戸への通勤・通学に便利であり、比較的穏やかな気候とあいまって、住みやすい街として関西では人気があります。そのため、こんにちでも人口は増加傾向にあり（二〇一五年時点で約四八万八〇〇〇人）、市域北部の山地にまで市街地化が進んでいます。

さて、本書で扱う上ケ原地域は、西宮市南部の上ケ原台地の上に展開する、都市郊外の小地域です。海寄りにある甲子園球場や西宮旧市街の北方、平野部が六甲山地に突き当たる一歩手前のところに、兜の鉢のような形をした甲山が、六甲山地から独立してそびえています。この甲山の麓に形成されたのが上ケ原台地です。さして広くない台地の上には、閑静な住宅地や関西学院・神戸女学院・その他の学校施設が建ち並び、その狭間に田畑が点在しています。すぐ背後（西側）には兵庫県立甲山森林公園が広がり、良好な住環境が維持されています。上ケ原地域は全国二番目に指定された文教地区でもあります。

本書はもともと、この上ケ原に位置する関西学院大学の学生向けに執筆したものです。学生たちはおそらく意識していないと思われますが、私たちはすぐれた歴史的環境のなかで日々を過ごしています。関西学院の構内には、古墳時代後期に築造された小さな古墳が一基存在します。新月池と呼ばれるきれいな池は江戸時代の溜池であり、構内各所をめぐる溝は江戸時代の用水路です。歴史的にみると、上ケ原は江戸時代に開発された土地であり、関西学院は近代になってから当地へ移転してきた新参者です。また、関西学院の周囲を見わたすと、同学院の背後に広がる緑豊かな甲山森林公園は大坂城の石垣用石材の生産拠点の一つであり、上ケ原台地を下ったところにある阪神競馬場は、かつて戦闘機の部品などを製造し、B29による空襲で壊滅した川西航空機（現新明和工業）の工場跡地です。そして学生の学舎である関西学院の校舎群は、建築家ヴォーリズにより設計された近代の文化遺産であり、近隣に建つ神戸女学院の校舎群もヴォーリズの設計です。

関西学院大学で四年間を過ごしながら、こうした大学周辺の歴史について知らないまま卒業してしまうのは、大変もったいないことです。人生の大切な時期を過ごす地域の歴史について、多少なりとも知っておくことは、きっとその後の人生において大切な財産になると思います。なにも上ケ原の歴史だけが重要なのではありません。上ケ原という小さな地域について学ぶことは、今後、自分が気になる地域について学ぶさいの糧となり、ひいては世界をみるよすがにもなると思います。近年、各方面で「国際化」が盛んに唱えられています。この国際化の第一歩は、実は自らについてよりよく知ることではないでしょうか。足もとの歴史について知っておくことは、とくにこれから世に出る若い人たちには、ぜひとも身につけてもらいたい素養の一つだと思います。

このような願いを込めつつ、本書では、関西学院の位置する上ケ原とその周辺地域に関する歴史について、六つの章にわたって述べていきます。視点の中心は上ケ原台地です。そこから周囲を見わたす形で、地域の歴史について記述しました。

歴史について学ぶには、全国的な歴史の大きな流れとともに、各地域の歴史についても押さえることが大切です。たとえば、高校の歴史教科書に記載されるような歴史の大きな流れを、歴史の骨格とします。これに教科書では触れることのできない地域の歴史を肉付けていきます。すると、歴史の大きな流れと各地域の歴史とが結びつき、より身近で生きたものとして、歴史をとらえることができるでしょう。

本書は地域の歴史について述べたものですが、歴史の骨格と肉付けの関係に留意して、歴史の大きな流れについても、視点として提示しました。また、学校教員志望者や地域の方々、あるいは当地域に興味をもってくれる方にも楽しんでいただき、歴史について考えるための参考となるように配慮したつもりです。

本文中に「関学（かんがく）」という言葉が頻出します。これは「関西学院」の略称です。また、掲載した写真のうち、提供者の記載がないものは、筆者が撮影しました。写真は多目に掲載してあります。大学の講義では、授業時間内に講義内容について学生にある程度イメージしてもらう必要があります。写真が多いのはこのような筆者の授業スタイルの反映です。なお、引用史料のルビは筆者が付しました（第二章の「鳴尾義民物語」と第三章の「こしき岩の怒り」を除く）。

上ケ原という小さな地域は、いったいどのような歴史を積み重ねて、現在に至るのでしょうか。どの章から読んでいただいても結構です。楽しみながら学んでいただけたら幸いです。

# 目次

# 第一章　古墳のあるキャンパス

## 関西学院構内古墳

兵庫県の南東部、大阪寄りに位置する西宮(にしのみや)市上ケ原(うえがはら)には、関西(かんせい)学院・西宮上ケ原キャンパスがあります。広い中央芝生と時計台、スパニッシュ・ミッション・スタイルに統一された校舎群、時計台の背後にそびえる秀麗な甲山(かぶとやま)。この明るく開放的かつ統一性のある配置の妙は、建築家ヴォーリズの優れた設計によります。関西学院大学の学生たちは、この緑あふれる美しいキャンパスのなかで、日々勉学に励んでいることでしょう。

さて、この瀟洒(しょうしゃ)なキャンパスの一角に、上ケ原の歴史を体現した文化遺産があることを、皆さんはご存知でしょうか。小さな古墳が一つ、社会学部の裏手あたりに、ひっそりと眠っています。

関西学院構内古墳と名づけられたこの古墳は、直径約一二メートル、高さ約三メートルの円墳(えんぷん)です（以下、関学古墳と略称）。築造時には直径一八メートルほどありましたが、封土(ふうど)（盛り土）の流出や削平などにより、現在はひとまわり小さくなっています。古墳の内部には、埋葬施設である横穴式石室があります。本来ならば封土に埋もれて見えないはずですが、入口部分が崩壊して南に向けて口を開いています。そのため、保護用フェンスの外から石室内部の様子をうかがうことができます。墳丘の頂上付近でも石室の一部が露出し、その一角が崩落しています。

横穴式石室は、遺骸（いがい）を安置する玄室（げんしつ）と、石室の入口から玄室に至る羨道（せんどう）からなります。関学古墳の玄室は、奥行き四・七四メートル、幅一・五メートル、高さ二・四メートルあります。石を六、七段に積み上げた側壁（そくへき）は、上に向かって次第に内側へ傾斜し、天井部では幅七二センチまで狭まっています。これを持ち送り技法といいます。左右の側壁の上に大きな石を渡して天井とし、その重量で壁面を押さえ、石室を堅固にする技法です。関学古墳には大きな一枚岩の天井石が四枚使われています。玄室突き当たりの奥壁（おくへき）も一枚岩です。石室の平面は、玄室の

写真 1-1　関西学院構内古墳
（2016 年 2 月撮影）

写真 1-2　古写真（1935 年ころ撮影）
（武藤誠「古墳のあるキャンパス―関西学院構内古墳と私―」より転載）

入口が片方に寄る片袖式です。羨道は破壊されていて全体像は不明ですが、現存する部分は長さ五メートル、幅一・二メートルです。石室の石材には、仁川渓谷産の花崗岩の河原石が使用されました。

昭和三十四年（一九五九）、西宮市史編纂作業の一環として、関西学院大学の武藤誠教授と同大学文学部史学科の学生・OBらによる発掘調査が行われ、副葬品と人骨の一部が出土しました。

副葬品は、須恵器（完存品。坩1・坏1）、装身具、武器（鉄鏃4）、馬具（革帯留金具1）などです。須恵器とは、野焼きではなく登窯を使用して高温焼成された、灰色がかった硬い陶質土器のことです。須恵器の焼成技術は朝鮮半島から伝わりました。坩は壺、坏は皿形の容器です。鉄鏃は鉄製の矢尻（矢の先端部分）のことです。

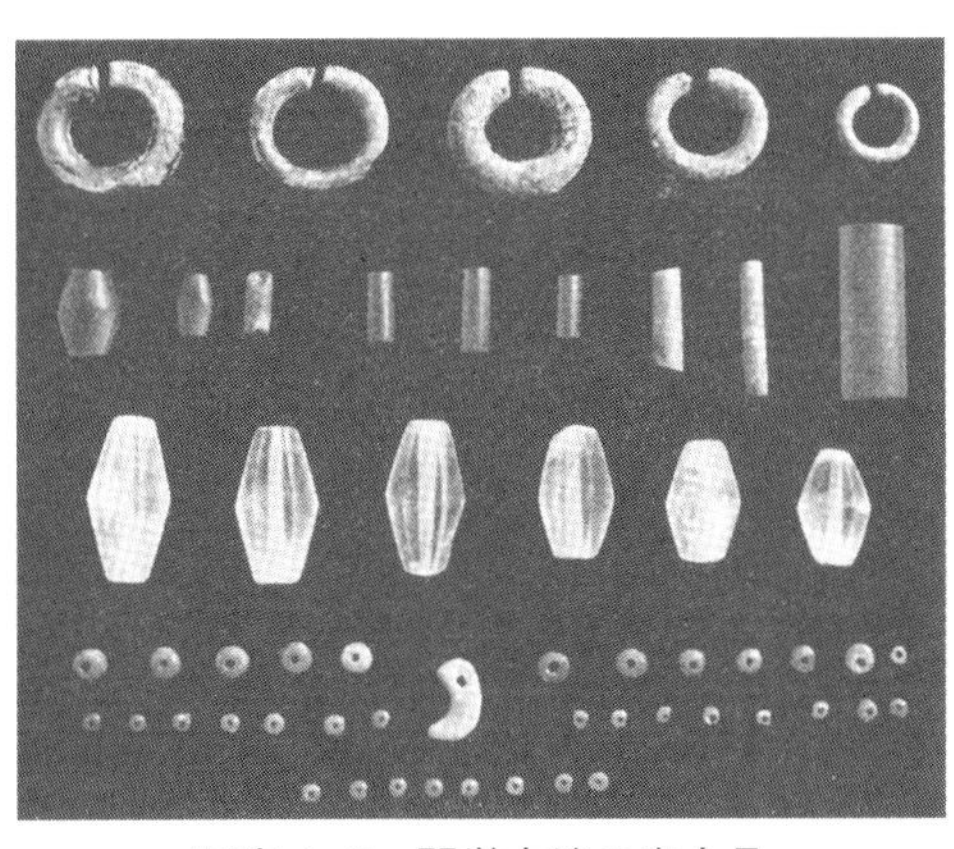

写真1-3　関学古墳の出土品
（『西宮市史』第7巻より転載）

装身具の内容は多彩です。金環5、滑石製勾玉1、琥珀製棗玉2、碧玉製管玉9、水晶製切子玉6、ガラス製小玉37が出土しました。金環は金メッキを施した金属製の耳飾りです。棗玉は棗の果実に似た形の玉、管玉は細長い管状の玉です。勾玉以下の飾玉は数珠つなぎにして、首飾りなどに使用されました。

人骨は、大腿骨などの骨片と歯（二個体分以上）が出土しました。棺は残存していませんでした。おそらく木棺だったのでしょう。玄室奥の床に、棺を安置したと思われる石の配列があります。

石室の構造や出土遺物から、関学古墳は古墳時代後期の六世紀後半に築造され、七世紀初頭まで追葬が行われたものと推測されます。古墳時代前期（三世紀後半—四世紀末）から中期（五世紀）にかけて盛

写真 1-4　石室内部（玄室）

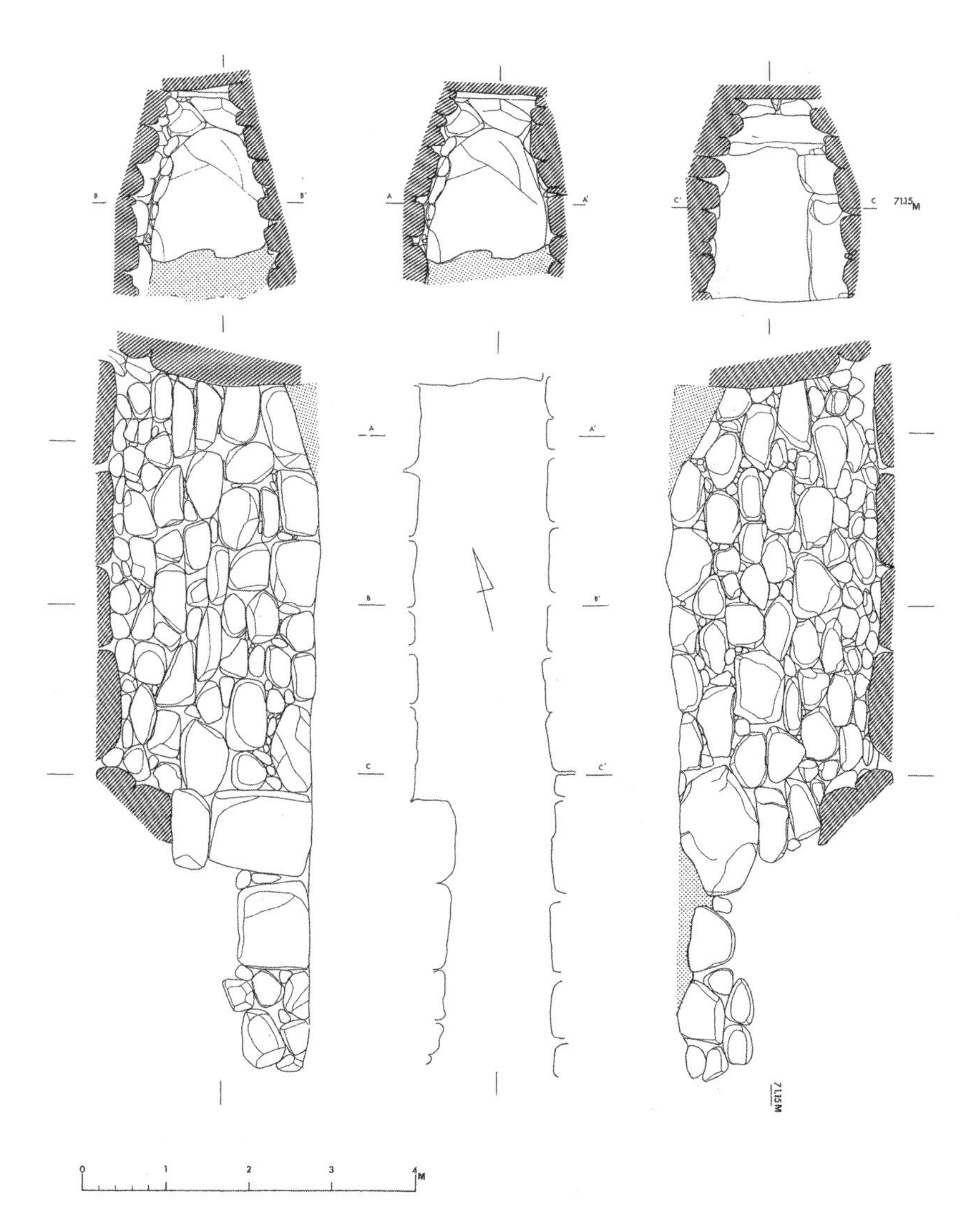


図 1-1　石室実測図
（『関西学院考古』第３号より転載）

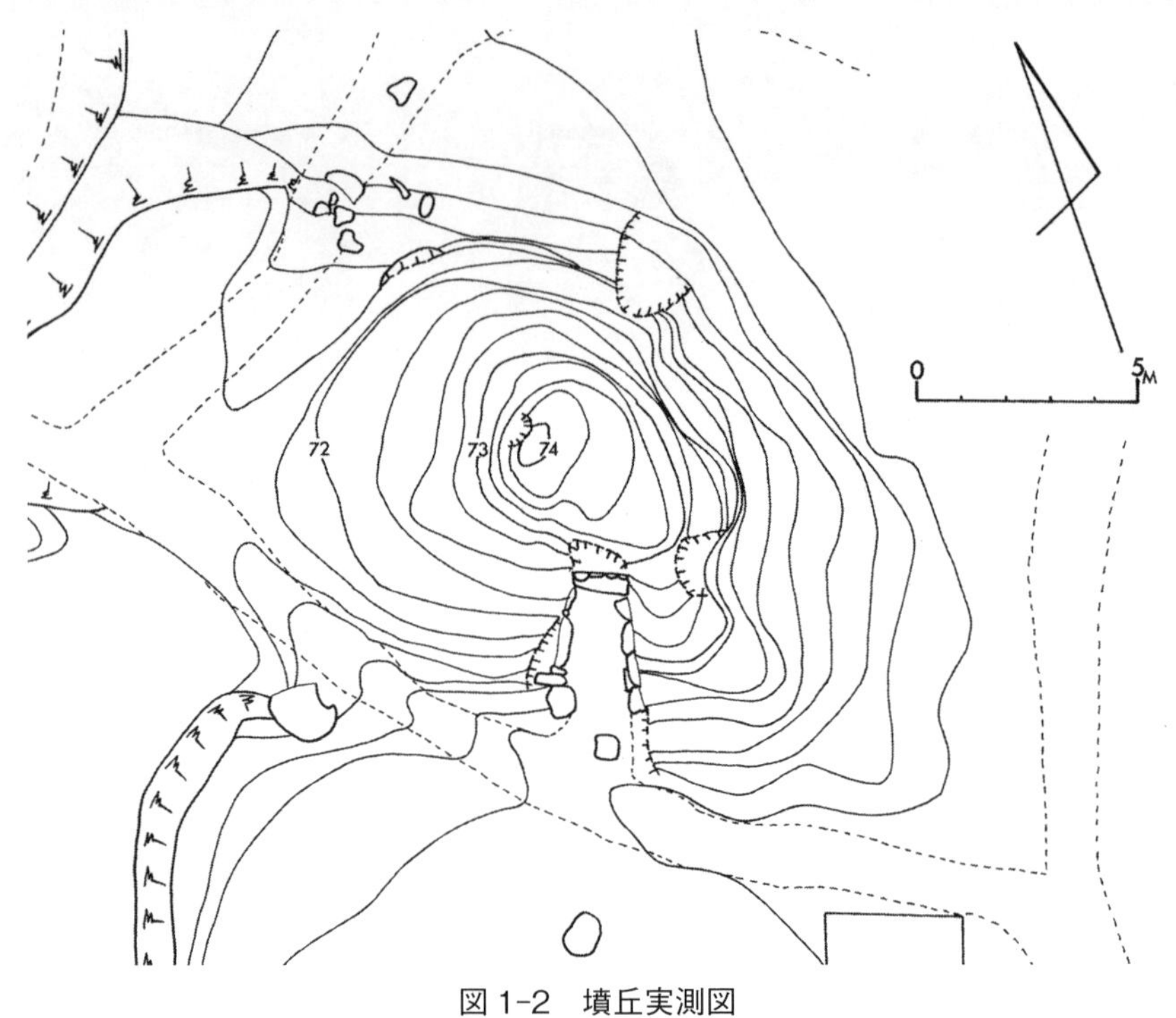


図 1-2　墳丘実測図
（『関西学院考古』第３号より転載。一部加工）

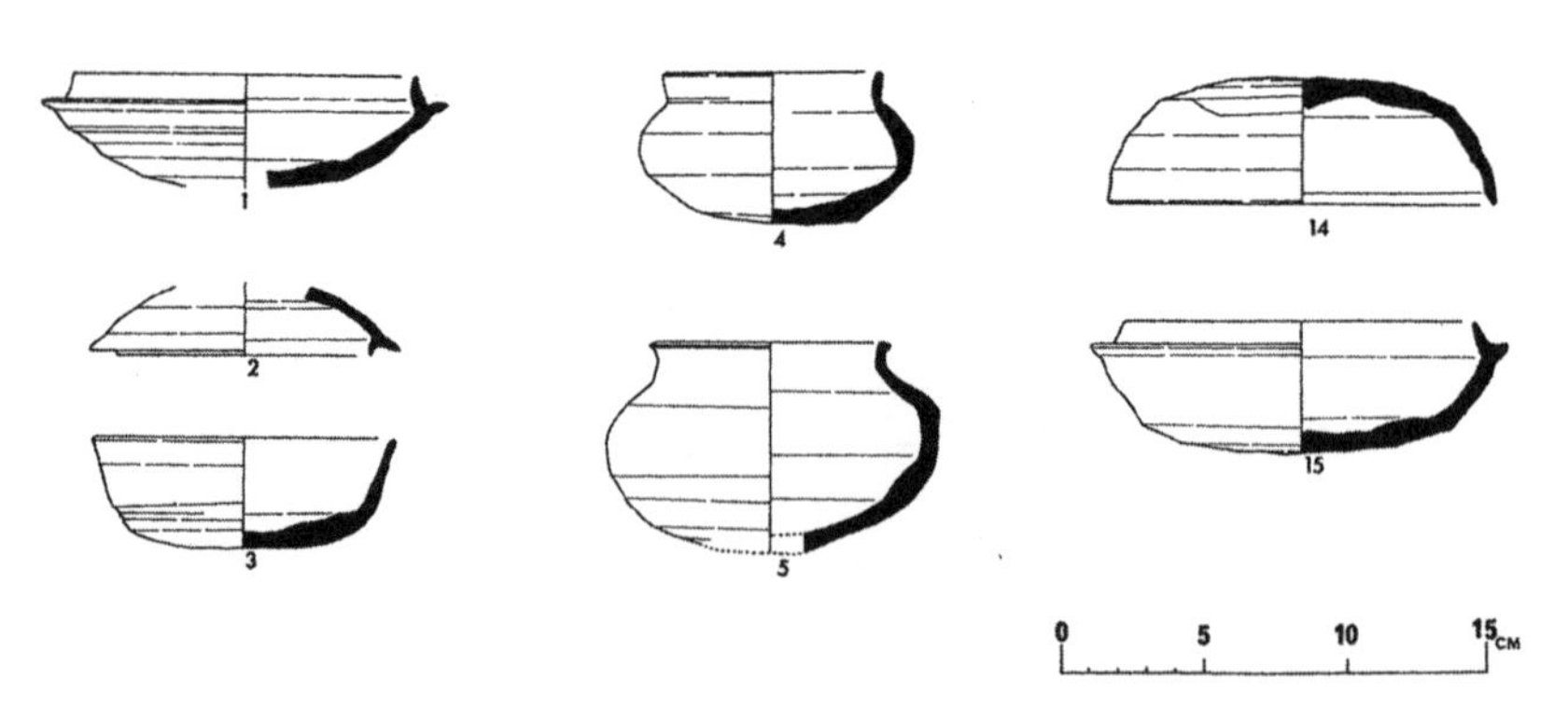


図 1-3　遺物実測図
（『関西学院考古』第３号より転載。右の２点は現関学第１教授研究館附近の採集品）

写真 1-8　玄室内部

写真 1-5　古墳正面

写真 1-9　石室露出部分

写真 1-6　羨道

写真 1-10　玄室内部（崩落部より）

写真 1-7　玄室入口

行した竪穴式石室は、遺骸を埋葬すると天井を塞いで埋めてしまいますが、古墳時代後期（六世紀—七世紀初頭）に普及した横穴式石室は、羨道入口を閉ざした石を取り除き、遺骸を追加して葬ることができます。関学古墳の被葬者は、周辺地域の有力な一家の主とその家族とみられます。

## 上ケ原古墳群

関西学院の裏手（西側）に神戸市水道局上ケ原浄水場があります。その構内にも一基の古墳が保存されています。上ケ原浄水場構内古墳です。関学から兵庫県立甲山森林公園へ向かう坂道を登り切る手前、浄水場の敷地北端の道路沿いにあります。

上ケ原浄水場構内古墳は、直径約七メートルの円墳です。封土の多くを失い、横穴式石室が露出しています。石室の入口が開口しているように見えますが、実は玄室です。本来の入口は開口部とは逆方向の東側にあり、封土で隠れています。玄室の天井石は一枚を残して失われています。内部をのぞくと、一段低いところに羨道の天井石らしき石が見えます。石室の形式は片袖式、石材は花崗岩です。発掘調査が行われていないので詳細は不明ですが、おおよそ関学古墳と同時期の、六世紀後半から七世紀初頭にかけて築造されたものと推測されます。

関学古墳と上ケ原浄水場構内古墳を含め、かつてこのあたりには、数十基の小円墳からなる上ケ原古墳群がありました。上ケ原浄水場構内古墳の周辺から、関西学院の北西部（第1教授研究館・ハミル館のあたり）に至る、東西約六〇〇メートル、南北三〇〇メートルの範囲です。上ケ原台地の西北端、台地の縁から仁川へ続く斜面にかけて築かれました。

上ケ原古墳群は、大正八年（一九一九）刊行の喜田貞吉「上代の武庫地方」（『摂津郷土史論』所収）に「甲東村

写真 1-13　石室内部

写真 1-11　上ケ原浄水場構内古墳

写真 1-14　東側（石室正面）

写真 1-12　露出した石室

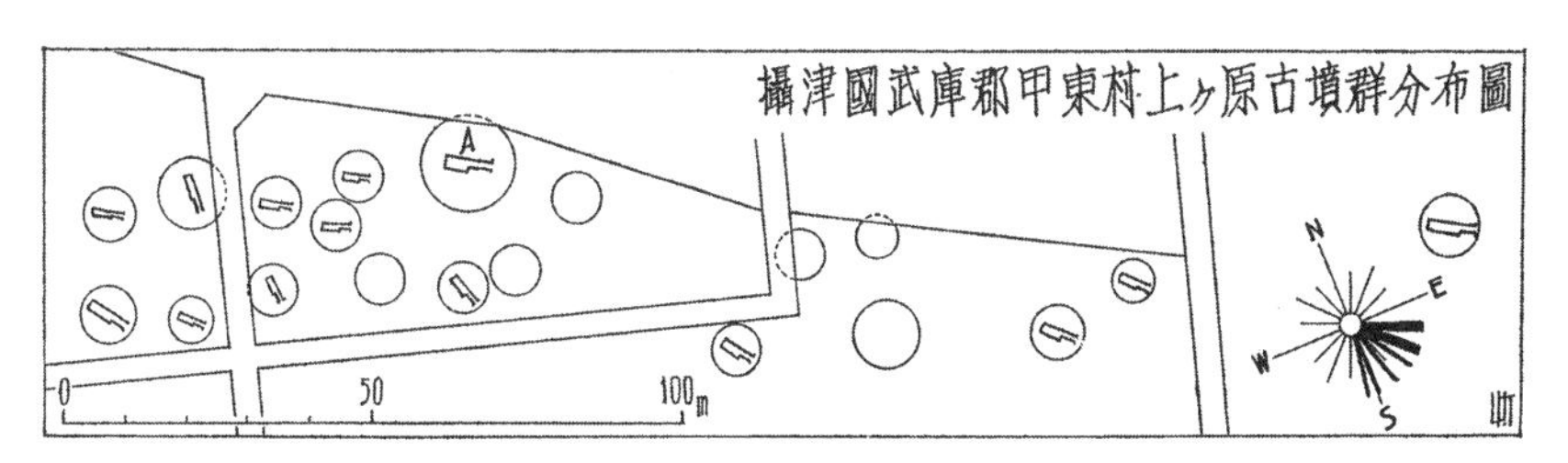


図 1-4　上ケ原古墳群の分布
（小林行雄「技術から見た古墳の様式」より転載）

上原新田（上ケ原のこと―引用者註）の北にも群集墳がある」と記されるように、早くから研究者の間で知られた古墳群です。ちなみに喜田貞吉は、国家権力が歴史教育に介入して南朝を正統と決めた南北朝正閏問題や、法隆寺西院伽藍の創建時期をめぐる法隆寺再建非再建論争などで有名な歴史学者です。

図1―4は、昭和九年（一九三四）に小林行雄が発表した論文「技術から見た古墳の様式」に掲載された、上ケ原古墳群の分布図です。現在の関学ハミル館あたりの状況を示したものと思われます。二〇基もの円墳が描かれており、そのうちの一四基には横穴式石室が示されています。非常に狭い範囲に、小さな円墳が密集している様子がわかります。図1―5は、図1―4に記載されたA墳の実測図です。A墳は関学古墳と基本的に同じ構造をしています。

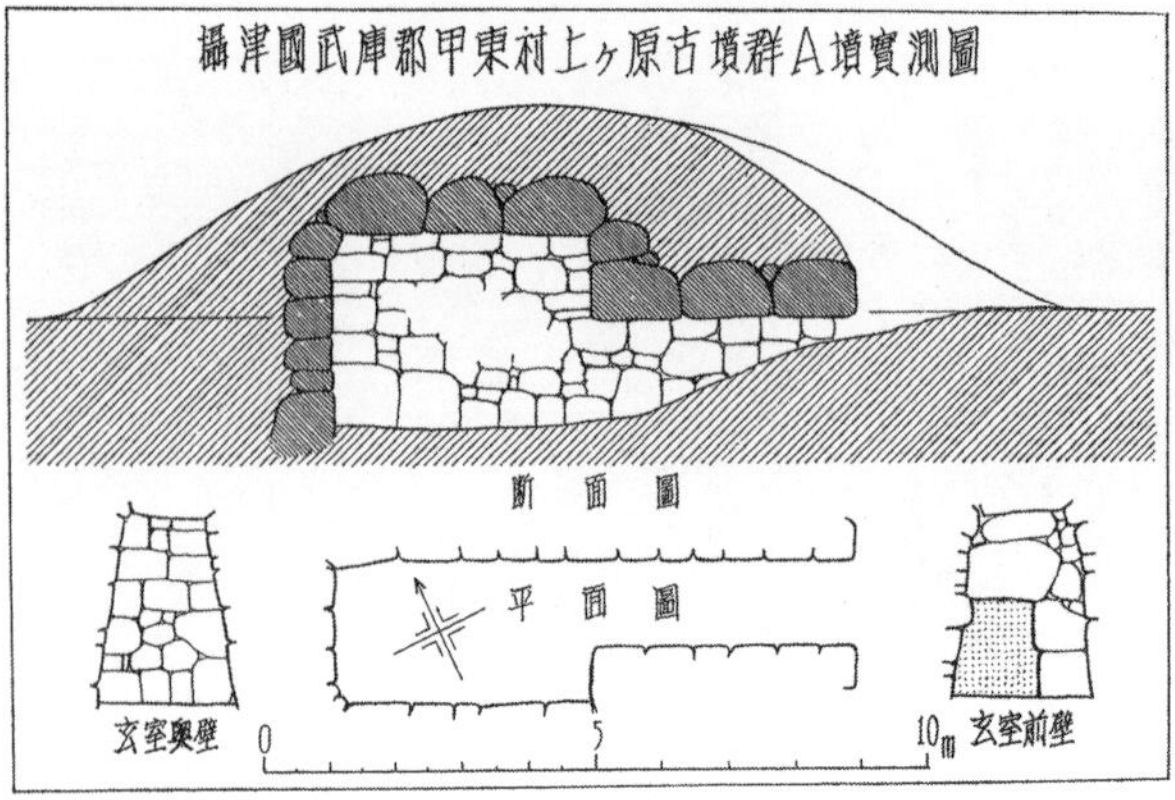

図 1-5　古墳実測図
（小林行雄「技術から見た古墳の様式」より転載）

写真 1-15　新沢千塚古墳群

古墳群のうち、上ケ原古墳群のように、小規模な古墳が限定された範囲内に密集するものを、とくに群集墳といいます。横穴式石室をもつ古墳が多いです。群集墳は六世紀後半に爆発的に増加し、七世紀後半ころまで各地で盛んに造られました。日本列島に残る古墳の大半が群集墳に属しているそうです。代表的な群集墳の一つに、新沢千塚古墳群（奈良県橿原市）があります。同古墳群は、約六〇〇基の古墳からなる大群集墳です。低い丘陵全体が古墳で埋め尽くされる様は、実に壮観です。当時貴重なペルシャ産のガラス碗・皿などが発掘されたことでも著名な古墳群です。

群集墳は同族集団の家族墓の集合体です。家長が没すると古墳が築かれ、同世代の家族（家長の兄弟）が追葬されます。次の家長も隣接して家族墓を営みます。この作業を同族単位で数世代続けると、数十基以上の群集墳になります。群集墳の担い手は、小豪族・渡来人・技術者集団など多様です。政治的には、ヤマト政権を構成する有力氏族の傘下に組み込まれ、その同族と認定された人たちと考えられています。

この上ケ原古墳群ですが、上ケ原浄水場の造成［大正六年（一九一七）完成］や関西学院の上ケ原移転［昭和四年（一九二九）移転完了］、仁川沿いの住宅地（現仁川百合野町）の開発などにより、関学古墳と上ケ原浄水場構内古墳の二基を残して消滅してしまいました。

紅野芳雄『考古小録』［昭和十五年（一九四〇）刊］には、上ケ原古墳群が破壊される様子が生々しく記されています。

・「武庫郡甲東村上ケ原甲山登山口下の貯水池拡張の際二、三の古墳を掘り当て土器類及び刀剣具類出土す。度々現場に行き発掘品を採集す。𤭯、坏、瓶、台付盌、鍍金鐔及び鍍金刀金具、素焼盤等。」（大正三年五月）

・「甲東村上ケ原新田山手に神戸上水道貯水池工事中にて日々多数の古墳が破壊さる。本日現場に行き一古墳の破壊を見る。素焼高坏一箇出たるのみ。」（大正四年五月九日）

・「遺蹟（上ケ原新田墓地遺跡―引用者註）上に三箇の破壊せられたる古墳あり（以前は沢山有りしが如

し）。又墓地東方に於いても約十四の古墳を認む。内三基は開口し居れど封土完存、他は封土破壊し石槨露出す。大部分は葺石を有せり。」（昭和七年一月二十四日）

・「墓地（上ケ原新田墓地―引用者註）東方松林中に散在せし十余の古墳は、今住宅地建設のため無残に破壊せられ、又破壊せられつつあり。仁川の流潺々たる畔、岩をつみ土を盛りて奥域となし、悠久に静かに静かに眠るべかりし古塚の主が霊を想へば、哀愁の感転々深きを覚ゆ。」（昭和七年四月二十一日）

上ケ原浄水場の敷地（結構広いです）を造成するさい、多数の古墳が削り取られてしまったようです。上ケ原新田墓地遺跡は、関学古墳のすぐ隣にある弥生時代の遺跡です。この付近にも一〇基以上の古墳がありましたが、宅地開発により消滅しました（あるいは図1―4の古墳と重なるのかもしれません）。

写真1-16　神呪池と完成直後の関西学院
（関西学院大学学院史編纂室提供）

関西学院大学の時計台の裏、図書館やH号館の建つあたりにも、かつて古墳が存在しました。もともとこの場所には、江戸時代初期に造られた溜池である神呪池がありました。大正三年（一九一四）、神呪寺村の人たちが池の底浚いをしていたところ、池の底から崩れ落ちた状態の大石が出現し、その下から直刀の残欠や鐔、須恵器の坏・長頸壺などが発見されました。神呪池を造成するさい、すでに崩壊していた古墳を池の中に取り込んだようです。昭和二十八年（一九五三）、神呪池は関学の校舎建設により潰されました。このときの調査では、古墳の痕跡や遺物は確認されませんでした。大正三年の発見時に完全に破壊されてしまったようです。この古墳は神呪池古墳と呼ばれています。

かくして上ケ原古墳群は、二十世紀の前半までに、その大半が破壊されてしまいました。在りし日の上ケ原古墳群は、林の中のあちらこちらに小円墳が見える、たとえば写真1―15のような景観だったのでしょうか。

## 上ケ原台地の古墳

上ケ原台地には上ケ原古墳群とは別に、古墳群を営まない独立した古墳として、車塚古墳・入組野古墳・門戸天神裏古墳が存在しました（いずれも現存せず）。そのなかで注目されるのが車塚古墳です。この古墳は、上ケ原における唯一の前方後円墳であったと考えられます。現在の関西学院敷地（中学部）の南東角あたりに存在したようです。以下、記録をたどってみます。

享保十九年（一七三四）編纂の地誌『五畿内志』には、摂津国武庫郡内の「荒墳」の一つとして「車冢ハ上原新田村」とあります。この記述から、上ケ原新田村（上ケ原所在の村）に「車冢（＝塚）」と称される古墳があったことがわかります。車塚という呼称は各地にみられ、たいていは前方後円墳を意味しました。また、安政四年（一八五七）の「大井滝用水論所絵図」には、上ケ原の中央部にいかにも古墳を思わせる塚が描かれていて、そこに「高塚」と記入されています。この「高塚」と「車冢」は同一の古墳、すなわち、車塚古墳を指すものと考えられます。

『武庫の川千鳥』［大正十年（一九二一）刊］という本があります。著者の吉井良秀は、西宮神社の神職を務めながら、西宮周辺の郷土史の研究に精力的に取り組んだ人です。本書は武庫川流域の歴史について述べたものであり、そのなかの「上ケ原」の項に、車塚古墳に関する貴重な記述があります。

有史時代の古墳は群を為して点々存在す、殊に武庫の山麓に珍しき偉大なるか去々年迄村の中央田間に在りたり、封土は悉皆散失して前後の石壁も取去られ、左右の大なる壁石の、天井石一枚を載せて裸々突兀として四個の大石のみ残れりしなり、実に巨大なる物なりしを、大正五年、終に一物も無く撤却し去りしは惜むへし、五六年前の実見を追想するに槨内の高さは八九尺も有りたりと覚ゆ、周囲は皆水田と為り果たれと、南に面せる前方後円の宏大なる古墳なりしなり、

封土を取り除かれ、石室も主要な石が残るだけの、まさに消滅寸前の古墳の様子を伝えています。石室の側壁と天井には大きな石が使用され、玄室の高さは八、九尺ですから、二・六メートル前後となります。吉井の記述から、車塚古墳は横穴式石室をもつ前方後円墳であったことがわかります。築造された時期は、おおよそ六世紀前半ころと推測されます。上ケ原で唯一の前方後円墳として意義深い古墳でしたが、大正五年（一九一六）に破壊されてしまいました。なお、上ケ原には古墳が群をなしていたとの記述も注目されます。上ケ原古墳群のことでしょう。

前方後円墳は日本独特の形をした古墳です。この形式の古墳を造ることができた人物は、ヤマト政権の王と、政権に参加した有力豪族にほぼ限定されました。ヤマト政権の主要な構成員たちは、前方後円墳という墓制を共有することで、支配者層としての連帯を深め、また自らの権威を周囲に誇示しました。地方豪族の場合、地域で最有力の豪族が前方後円墳を営み、下位の者は前方後方墳や円墳・方墳などを築造しました。つまり豪族間の序列は古墳の形で表現され、その最も格式の高いものが前方後円墳でした。すると車塚古墳の被葬者が誰なのか、気になるところですが、残念ながらわかりません。この地域で有力な豪族の一人であったことは確かなようです。

入組野古墳は、かつて西宮市立甲陵中学校のすぐ北側に存在した古墳です。このあたりは上ケ原台地の北端

です。その縁辺部に築かれた入組野古墳は、直径約一七メートル、高さ一・五メートルあまりの、南向きに開口する横穴式石室をもつ円墳です。宅地開発のため破壊されました。昭和二十八年（一九五三）、破壊に先立ち、関西学院大学の武藤誠教授・渡邊久雄教授と同大学文学部史学科の学生たちによって発掘調査が行われました。

入組野古墳の石室は、玄室のみの、羨道部を設けない形式でした。奥行き二・三メートル、幅六六センチです。極めて狭く、遺骸を一体納めるだけの空間しかありません。石室の床は奥から入口に向かって傾斜し、高さは奥壁で約七〇センチ、入口で九〇センチとなります。石室入口を少し入ったところの床には、一辺二〇センチほどの表面が平らな石が三個、横に並べてありました。遺骸を安置する玄室の内と外とを区画する意味があると考えられます。石室の石材には、仁川渓谷産の花崗岩が使用されたとみられます。

発掘調査では副葬品が発見されず、土師器（はじき）片がいくつか得られたにすぎませんでした。築造時期は、石室が小

写真 1-17　入組野古墳石室（正面）

写真 1-18　同石室（全体）

写真 1-19　同石室（入口）

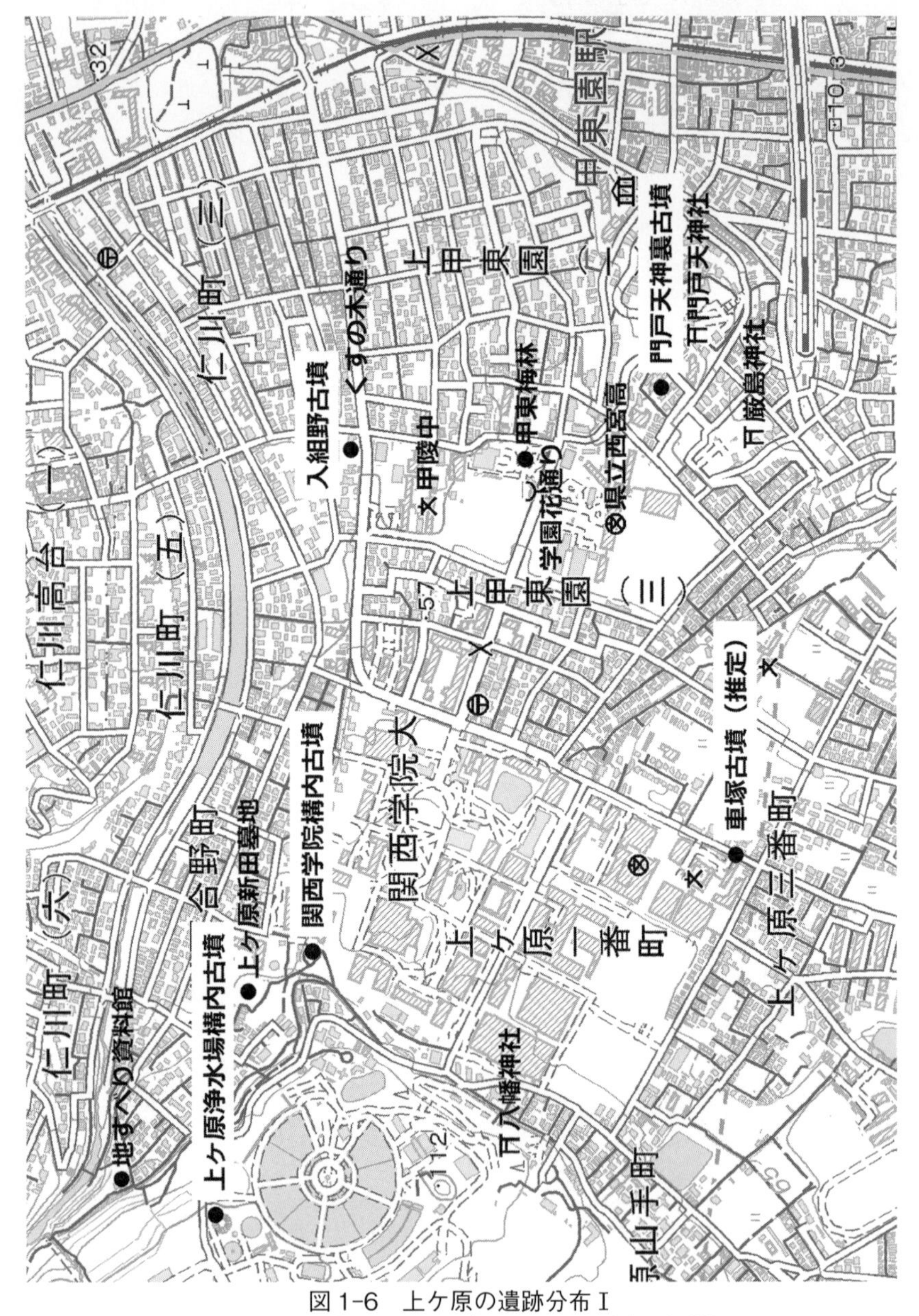


図 1-6　上ケ原の遺跡分布 I
［国土地理院「地理院地図（電子国土 Web）」に加筆］

図 1-7　上ヶ原の遺跡分布Ⅱ
［国土地理院「地理院地図（電子国土 Web）」に加筆］

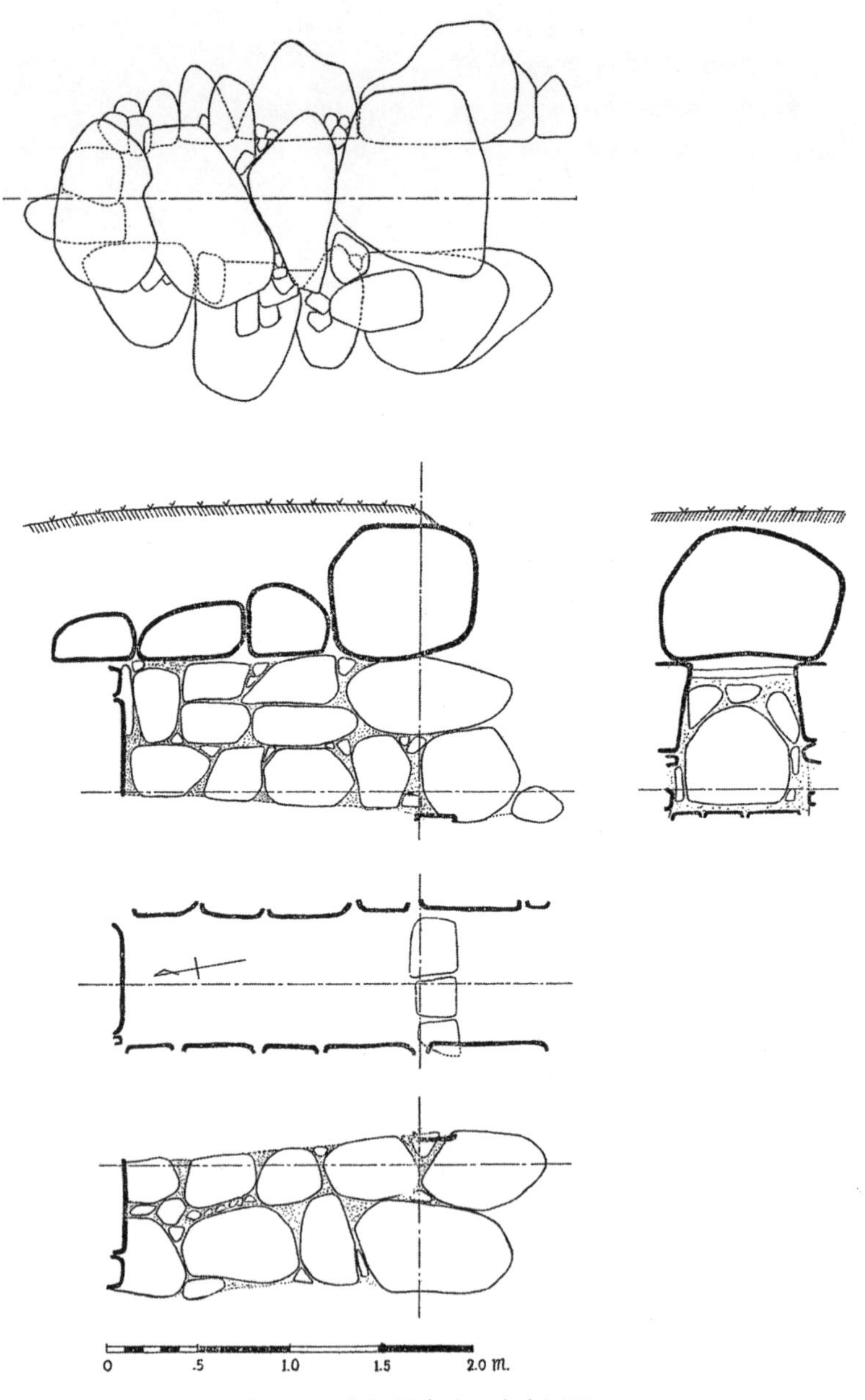


図 1-8　入組野古墳石室実測図
（武藤誠「西宮市上ヶ原入組野在横穴式石室古墳の発掘」より転載）

型化して追葬を行わない単葬墓（たんそうぼ）が現れる、古墳時代終末期の七世紀ころと推測されます。古墳本体は開発により破壊されましたが、関係者の尽力により、石室が近所の兵庫県立西宮高等学校の敷地に移築保存されました。

門戸天神裏古墳は、上ケ原台地の東端に築造された古墳です。阪急電鉄今津（いまづ）線の甲東園（こうとうえん）駅から上ケ原台地（関学方面）へ向かう急坂の途中に、旧門戸村の産土神（うぶすながみ）である門戸天神社があります。このあたりはかつての神呪寺村（江戸時代は神呪（かんのう）村）の範囲ですが、天神社のある天神山は旧門戸村の飛び地でした。この天神社のすぐ西側に、かつて門戸天神裏古墳が存在しました。宅地開発により完全に消滅し、墳丘の形や石室の有無などの基本的情報も不明です。出土遺物として数点の須恵器が採集されています。六世紀前半から中頃にかけて築造されたものと推測されます。

写真 1-20　五ヶ山古墳群 2 号墳

写真 1-21　五ヶ山古墳群 3 号墳

写真 1-22　五ヶ山古墳群 4 号墳

以上、上ケ原の古墳についてみてきました。築造の順に並べると、六世紀前半から中頃＝車塚古墳・門戸天神裏古墳、六世紀後半から七世紀初頭＝上ケ原古墳群、七世紀＝入組野古墳、となります。車塚古墳を除き、いずれも上ケ原台地の縁辺部に築かれました。平野部を見下ろし、また平野部から仰ぎ見られる位置です。古墳は人々から見られることを意識して築造されました。このうち上ケ原古墳群と入組野古墳の立地は、明らかに仁川からの視線を意識したものです。

上ケ原台地の反対側、仁川左岸の丘陵部にも、古墳群がいくつか確認されます。その一つである五ケ山（ごかやま）古墳群は、仁川に面した丘陵の稜線上に位置する、六世紀後半から七世紀初頭にかけて築造された小規模な群集墳です。現在、横穴式石室をもつ円墳三基が残されています（もとは四基ありました）。大正時代の地元の証言に「附近甲山国有林及字（あざ）五ケ山共有山林中ニハ古墳数十箇散在セリ、而（しか）シテ該（がい）古墳ハ往古ヨリ単ニ百塚ト称シ」とあるように、仁川の周辺には「百塚」と称されるほど多くの古墳がありました。仁川渓谷の入口付近は、平野部に居住する人々の墓域であったと考えられます。

## 開発と破壊

上ケ原には古墳時代以前の遺跡も存在しました。関学古墳の北西部に、上ケ原新田村の共同墓地である上ケ原墓地があります。墓地から地すべり資料館にかけての一帯は、上ケ原台地が仁川に向かって一段低くなっています。この一帯に、弥生時代の上ケ原新田墓地遺跡がありました。

この遺跡は昭和七年（一九三二）、紅野芳雄が発見しました。紅野は酒造業に従事するかたわら、西宮市近辺の遺跡に足繁く通い、多くの遺物を収集した人です。紅野の遺著『考古小録』には、以下の記述があります。

> 甲東村上ケ原新田墓地西方に於いて、去る二十一日弥生式土器破片らしきもの十数片を採集せるにより、今日再び踏査に赴き、墓地西方を隈なく精査したる結果、石器時代の一大遺蹟にて、現地表の約六寸乃至一尺下に、約六寸の遺物を包含せる黒色有機質土砂層あり、これが住宅地建設地均し工事のため攪乱せられ、サヌカイト片及び有紋無紋の弥生式土器破片多量に散在す。約三時間の精査にてサヌカイト片五十一、逆刺式石鏃一箇、扁平に打ち欠きたるまゝのサヌカイト片なれど磨製の刃を有するもの一箇及び有紋弥生式土器破片二十六種を採集す。遺蹟は墓地より西北へ約二町の間に存し、北は直に崖をなし仁川の谿谷に臨み、西より南は甲山に連なる山脈に接す。（昭和七年一月二十四日）

当時、住宅地の建設工事によって地面が掘り起こされたため、多くの土器や石器類の破片が地表に散乱していました。これを紅野が確認したことで、遺跡の存在が明らかになったのです。石器製作時に出るサヌカイト片が約九〇〇点と大量に出土したこと、居住地としては不適当な地形であることなどから、同遺跡は石器の製作工房跡とも考えられています。

弥生時代の遺跡は、上ケ原台地南東端の丘陵である岡田山にもありました。神戸女学院構内にある岡田山遺跡です。紅野はこの遺跡にもよく通っていました。

> 大社村岡田山の石器時代遺蹟に至る。神戸女学院の建築工事大に進行し遺蹟は遂に湮滅し終れり。大正五年頃より最近迄に採集せる遺物は、石鏃二十一、石錐一、石庖丁破片一、有刃磨製石器破片一、計二十四、及び原史時代遺物の有紋埴輪残片四、埴輪円筒残片数箇、祝部土器破片十数箇なり。（昭和六年十月十五日）

もともと岡田山は尼崎藩の御林山（直轄林）であり、明治維新後は旧尼崎藩主・櫻井家の別宅が設けられました。これを神戸女学院が購入し、昭和八年（一九三三）に神戸の諏訪山から移転してきました。その前年には、神戸女学院に隣接して、神戸女子神学校（のちの聖和大学。現関西学院大学教育学部）が神戸の中山手通から移転しています。岡田山遺跡は弥生時代の遺跡ですが、その一角に古墳が一基ありました。神戸女学院構内古墳です。紅野が「原史時代遺物」としてあげている埴輪片は、この古墳から採集されたものでしょうか。

以上、上ケ原の古代遺跡について紹介しました。改めて気付かされることは、多くの遺跡が、大正から昭和初期にかけて破壊されていることです。この時期は、大阪や神戸などで市街地の拡大が急速に進み、郊外地における宅地開発が盛んに行われた時期と重なります。都市の膨張と郊外地のベッドタウン化です。背景には近代日本の工業国化があります。大学の都市郊外への移転もこの時期に相次いで行われました。

写真 1-23　上ケ原新田墓地遺跡の出土品
（紅野芳雄『考古小録』より転載）

この開発の波をうけて、多くの遺跡が破壊されてしまいました。増大する神戸市の水需要に対応すべく建設された上ケ原浄水場、新天地を求めて移転してきた関西学院と神戸女学院、郊外住宅地として建設された仁川沿いの住宅地。これらが上ケ原古墳群や上ケ原新田墓地遺跡・岡田山遺跡などを破壊しました。時代の流れといってしまえばそれまでですが、とても残念に思います。そしてこの流れは、戦後の高度経済成長期において、全国的に拍車がかかることになります。紅野の著書は、開発により消滅した遺跡の貴重な記録ともなりました。

さて、開発の話が出たついでに、現在の上ケ原の成り立ちについて少し述べていきます。

近現代の上ケ原にとって、阪急電鉄今津線の存在は非常に大きいです。

阪急電鉄［箕面有馬電気軌道。大正七年（一九一八）、阪神急行電鉄と改称。以下、阪急と略称］は、明治四十三年（一九一〇）に宝塚線、大正九年（一九二〇）に神戸線、同十年に西宝線（西宮北口―宝塚間。のち今津まで延伸して今津線と改称）を開通させました。実業家として著名な小林一三の経営戦略のもとで、阪急は都市郊外に鉄道路線を拡張するとともに、沿線に住宅地を次々に開発して、新たな住人を呼び込みました。

大正十一年（一九二二）、西宝線に甲東園前停留所（現在の甲東園駅）が新設されました。この新停留所の設置に大きく貢献したのが芝川又右衛門です。又右衛門が一万坪の土地と軌道用地・駅舎建設費を阪急に寄附することで、新停留所の設置は実現しました。

写真 1-24　原田の森キャンパス
（関西学院大学学院史編纂室提供）

芝川又右衛門（二代目又右衛門。又次郎）は、大坂伏見町の唐物商（輸入品販売）の家に生まれ、おもに不動産業で財をなした企業人です。多くの不動産を所有し、現在の甲東園駅周辺から上甲東園にかけての一帯も彼の所有地でした。明治二十九年（一八九六）、又右衛門は上ケ原の所有地に約一〇・六ヘクタールの広さの果樹園を開き、これを甲東園と名付けました。「甲東園」という地名の起こりです。農園では、ブドウ・柑橘類・ナシ・モモ・リンゴ・カキなど、多様な果物が栽培されました。これらは阪神方面に出荷され、甲東園の名を広めたそうです。

もっとも、果樹園の経営は赤字続きでした。

西宝線の開設にあたり、又右衛門は阪急の小林一三に、甲東園付近に鉄道停留所を新設するよう要請しました。小林は渋ったらしいですが、前述のように又右衛門が土地と資金を提供する条件で、停留所の新設が決まりました。停留所の周辺はかつて一面のモモ畑だったそうです。蛇足ながら、阪急は無償で入手した停留所前の一等地に宅地を造成し、会社幹部の間で分配しています。

昭和四年（一九二九）、神戸市郊外から関西学院が上ケ原に移転しました。この関西学院の上ケ原移転にも、阪急の小林一三と芝川又右衛門が大きく関わっています。

関西学院は明治二十二年（一八八九）、神戸市郊外の原田（現神戸市灘区、王子公園）に設立されました。原田の森キャンパスといいます。原田の地は、キリスト教教育に相応しい閑静な環境でした。ところが、神戸の市街地化が進むにつれて、この静かな教育環境は次第に損なわれていきました。また、関学は大学への昇格を望んでいましたが、大学の施設を増築するには校地が明らかに手狭でした。こうした事情から、関西学院は原田の地からの移転を決意します。

しかし資金不足が支障となり、移転計画は頓挫しかけました。そこへ実業家河鰭節の周旋により小林一三が新校地の提供を申し出て、関西学院の上ケ原移転が決まりました。なお、河鰭は神戸女学院の岡田山移転にさいしても、土地所有者の櫻井家と女学院との間を取り持っています。

新校地の取得は、以下の手順でなされました。まず原田の森の校地と校舎を、阪急が破格の高値で引き取ります。関学は売却で得た資金を元手に、阪急から上ケ原の用地を購入します。そして残った資金は、校舎の新築と大学昇格資金に充てられました。このようにして関学は、非常に有利な条件で上ケ原への移転を実現し、その後の発展の礎とすることができました。昭和七年（一九三二）、大学設立が認可され、同九年に大学学部が開設されました。関西学院大学の誕生です。

一方の小林も商売人ですから、しっかりと算盤をはじいています。阪急沿線に大学を誘致することは、阪急電鉄の将来的な利益向上に必ず資するとみたわけです。そのころの西宝線は乗客が少なく、たとえば甲東園前停留所で降りるときには、あらかじめ知らせておかないと列車が停まってくれず、乗車するときもホームに立って手を上げないと、走りすぎてしまったようです。田舎のバス路線のようなものだったのでしょうか。

このとき阪急が関西学院に提供した上ケ原の用地の一部は、事前に芝川又右衛門が所有地を阪急に売却したものでした。又右衛門は残る用地についても地権者の所有権をとりまとめ、関西学院の用地確保に大きく貢献しました。

戦後の昭和二十六年（一九五一）、関西学院前から上ケ原台地東端に至る地域（上甲東園一―三丁目）において、新たな住宅地の建設が始まりました。甲東園一団地住宅です。建設予定地のほぼ全域が芝川家の所有地であり、その中心を占めたのが甲東園（芝川農園）でした。造成と分譲は、芝川家が経営する百又（ひゃくまた）株式会社がおもに行いました。良好な環境に恵まれた、落ち着いた雰囲気の住宅地です。住宅地の中央と北側を、幅一五メートルの街路が東西に貫いています。中央の街路は桜並木が美しい「学園花通り」、北側の街路は楠の緑豊かな「くすの木通り」です。

芝川家の甲東園は消滅しましたが、その名残

写真 1-25　甲東梅林と楠

写真 1-26　くすの木通り

は所々に見出されます。甲東園駅からバス道の急坂を上り切ったところに、甲東梅林があります。樹齢一〇〇年以上の古木を交え、四〇種・二〇〇本の梅の木が集められています。かつて甲東園では、果樹栽培とともに梅や桜・楓などを植栽していました。その一部の梅の木が甲陵中学校の敷地内に残り、これを現在地に移植して梅林としました。「くすの木通り」にも農園時代に植樹された楠などが残っています。

上ケ原地区は、関西学院や神戸女学院・聖和大学をはじめ、県立西宮高等学校・市立甲陵中学校などの教育施設も整っていることから、昭和三十三年（一九五八）に文教地区に指定されました。東京の国立（くにたち）に次ぐ全国で二番目の指定になります。

# 上ケ原のヴォーリズ建築

ヴォーリズ（Vories, William Merrell 1880-1964）は、米国出身の伝道者・建築家です。キリスト教宣教のため1905年に来日。1907年に伝道活動団体として近江ミッションを設立し、その活動を経済的に支えるため、1908年に建築設計監督事務所を開設しました。これがヴォーリズの建築家としての出発点です。彼は独学で建築設計技術を修得しました。1910年、近江ミッションの経済部門としてヴォーリズ合名会社が設立され、建築事業やメンソレータムの販売などを行いました。1920年、建築部門はW.M.ヴォーリズ建築事務所となりました。

ヴォーリズ率いる建築事務所は、学校・教会・商業施設・個人住宅など、大正・昭和初期を中心に、数多くの建築を手がけました。上ケ原にはヴォーリズ建築がまとまって現存します。関西学院と神戸女学院の校舎群です。関西学院・西宮上ケ原キャンパスは1929年、神戸女学院・岡田山キャンパスは1933年に完成しました。中庭とそれを取り囲む校舎群からなる米国式の配置であり、校舎群の中心には知性を象徴する図書館が置かれました。建築物は、赤瓦屋根と大きな窓を備えた開放的なスパニッシュ・ミッション・スタイルに統一されています。関西学院・西宮聖和キャンパス（旧聖和大学）にもヴォーリズ建築があります。

完成後の関西学院・西宮上ケ原キャンパス全景
（1929年ころ。関西学院大学学院史編纂室提供）

# 関西学院・西宮上ケ原キャンパス

時計台（左）・文学部校舎（右）
（1929年）

時計台
（旧図書館　1929年。1955年、両翼部を拡張）

神学部校舎
（1929 年）

中央講堂
（1929 年。2013 年解体）

ハミル館
（原田の森キャンパスより移築。1918 年）

オハラホール
（旧外国人住宅〈宣教師館〉２号館　1929 年）

# 関西学院・西宮聖和キャンパス

ダッドレーメモリアルチャペル
（旧校舎　1932 年）

ゲーンズハウス
（旧宣教師館　1932 年）

# 神戸女学院・岡田山キャンパス
（校舎など12棟が重要文化財）

理学館（左）・総務館（右）
（1933年）

文学館
（1933年）

エミリー・ホワイト・スミス記念講堂
(1933年)

エミリー・ホワイト・スミス記念講堂（内部）

図書館
(1933 年)

図書館（閲覧室）

# 第二章　鳴尾村の義民

## 鳴尾の義民伝承

西宮市の学校教材の一つに、『わたしたちの西宮　郷土資料集「西宮のむかし　むかし」』（西宮市教育委員会）という冊子があります。西宮市内の小学校の先生たちが、小学校三・四年生用の副教材（読み物）として執筆したものです。ここに掲載されている「いのちより水がほしい―鳴尾義民物語―」を紹介します。

豊臣秀吉が、天下をおさめていた四〇〇年いじょう前のお話です。

鳴尾村（甲子園から鳴尾あたり）ののうみんは、毎年、夏になると、水がたりなくてこまっていました。それは、すぐよこをながれている武庫川がたいへんなあばれ川で、水をひくことができなかったからです。ある年、日でりがつづいて水がなくなり、田も地われが入り、このままでは、米はぜんめつしてしまいそうでした。しかし、となりの瓦林村の田は青々しています。こまりぬいた鳴尾村の人々は、ついに、瓦林村の用水路から水をとることにしました。

夜、やみにまぎれて、鳴尾村の人々は瓦林村の用水路から水を引き、二つの村の間をながれる枝川(えだがわ)にそこをぬいたたるを二五こつなぎ、トンネルをつくり水を鳴尾村にひきこみました。

さて、おこったのは瓦林村の人々です。だいじな水をぬすんだということで、鳴尾村がつくった用水路をこわそうとおしかけてきました。

鳴尾村もこわされてはたいへんと、みんなでおし出しました。そして、おおぜいのけが人がでる大げんかになったのです。

このことはすぐに豊臣秀吉の耳に入りました。大きなそうどうをおこしたつみはまぬがれません。りょう方の村の人がよばれ、さいばんがはじまりました。

秀吉は、鳴尾村はたしかに水をぬすんだが、そのくるしみはよくわかるので、このようにたずねました。

「お前たちはいのちがほしいか、水がほしいか。」と。

鳴尾村の人はすぐに答えました。

「水がほしゅうございます。」

秀吉は、この答えにかんしんし、鳴尾村に水をあたえることにしました。

しかし、つみはつみです。たると同じ数だけ、二五人がしけいになりました。その中には、父親のみがわりになって、しんでいった一四さいくらいの子どももいたそうです。

その後は、鳴尾村が毎年、秋にお米やおさけをおれいとしてとどけることで、水をつかえるようになりました。

今でも毎年、鳴尾の人々は甲子園の浄願寺(じょうがんじ)で二五人の人たちのれいをおまつりしています。ぎみんひが北郷（ほくごう）公園と、甲子園の八ツ松（やつまつ）公園にあります。

このじだいののうみんにとって、水は生きるかしぬかのだいもんだいだったのです。

この文章は、西宮の昔話「鳴尾の義民」を、生徒に興味を持って読んでもらえるように、わかりやすく再構成したものです。農業における水の重要さ、農民の水に対する執念、鳴尾村と瓦林村の大喧嘩、秀吉の温情と村人の処刑など、伝承の要点をよくとらえています。西宮市内の子供たちは、この義民の話を郷土の誇りとして心に刻み付け、成長していくことでしょう。

**写真 2-1　北郷公園の義民顕彰碑**
（昭和 18 年建立）

主人公の農民たちが所属した鳴尾村は、武庫川の右岸（西側）河口部に位置する村落です。中世の村の様子はよくわかりませんが、江戸時代には綿作が盛んに行われ、綿仲買人や繰綿（くりわた）加工業者が村内に居住し、酒造家や廻船業者も活躍するなど、経済的に豊かな地域だったようです。なお、「鳴尾の義民」で喧嘩の相手として登場する瓦林村（江戸時代に瓦林村・上瓦林村・下瓦林村に分村）は、鳴尾村の北隣りにありました。

西宮地域には、豊かな内容の昔話がいくつも伝わっています。なかでもこの「鳴尾の義民」は、地元の人々のみならず、研究者の間においても、義民伝承の一つとして比較的よく知られた話です。伝承の詳細は、『西宮のむかし話』や『鳴尾村誌』に掲載されています。興味のある方はぜひともご参照ください。細部にいくつかの違いがあって面白いです。

## 伝承の背景

冒頭に掲げた「鳴尾の義民」伝承ですが、話の基本的部分は歴史的事実であると考えられます。

奈良興福寺の子院多聞院の院主によって書き継がれた『多聞院日記』天正二十年（一五九二）十月二十三日条に、次のような記述が見られます。

一、摂州ノ百姓共、去夏、水事喧嘩ノ衆八十三人、ハタ物ニ被上了ト、天下悉ケンクワ御停止ノ処、曲事ノ故也ト云々、十三才ノ童部、父ノ命ニ代テ、ハタ物ニ上了ト、哀事、抑孝行ノ儀也、末世不相応々々々、

去る夏に水の事で喧嘩をした摂津国の百姓八三人が「ハタ物」（磔刑）に処されたこと、その理由は「天下悉ケンクワ御停止」に違犯したためであることが記されています。一三歳の子供が父の身代わりとなり処刑されたことについて、日記の記主英俊は、末世に不相応なほど素晴らしい孝行であると感じ入り、かつ哀れんでいます。この「摂州ノ百姓共」による「水事喧嘩」が、義民伝承の鳴尾村と瓦林村の用水相論（水論）に相当します。

西宮市内にもこの相論を裏付ける史料が伝わっています。その一つである（年未詳）八月二十五日「豊臣氏奉行衆裁許状」を以下に掲げます（読み下し文）。

摂州武庫郡鳴尾村北郷と申す井水の儀に付きて、河原林と申し分の事、今度検使を遣わし、双方対談せしめ、絵図仕来り候う上にて糺明を遂げ候う処、当郷の申し分紛れなく候う間、有り来りのごとく鳴尾村用水仕り申すべく候う、自今以後は申し事あるべからざるものなり、

長束大蔵

八月廿五日　正家（花押）

増田右衛門尉
　長盛（花押）
徳善院
　玄以（花押）
鳴尾村
　百姓中

意訳すると、「北郷とか称する用水路をめぐる鳴尾村と河原林（瓦林）村の相論について、（奉行衆より）このたび現地検分のための使者を派遣し、当事者双方を対談させ、絵図を作成した上で糺明をとげました。その結果、鳴尾村の主張が正しいと判断されたので、これまで通り鳴尾村の用水としなさい。今後はこの件につき争ってはいけません」となります。

この文書（もんじょ）は、豊臣秀吉の奉行衆である長束正家（なつかまさいえ）・増田（ました）長盛（ながもり）・前田玄以（まえだげんい）の三人から、鳴尾村百姓中に宛てて出されたものです。年号の記載がありませんが、慶長元年（一五九六）以降のものと推測されています。本文書の内容から、鳴尾村・瓦林村の相論は豊臣政権が取り扱い、

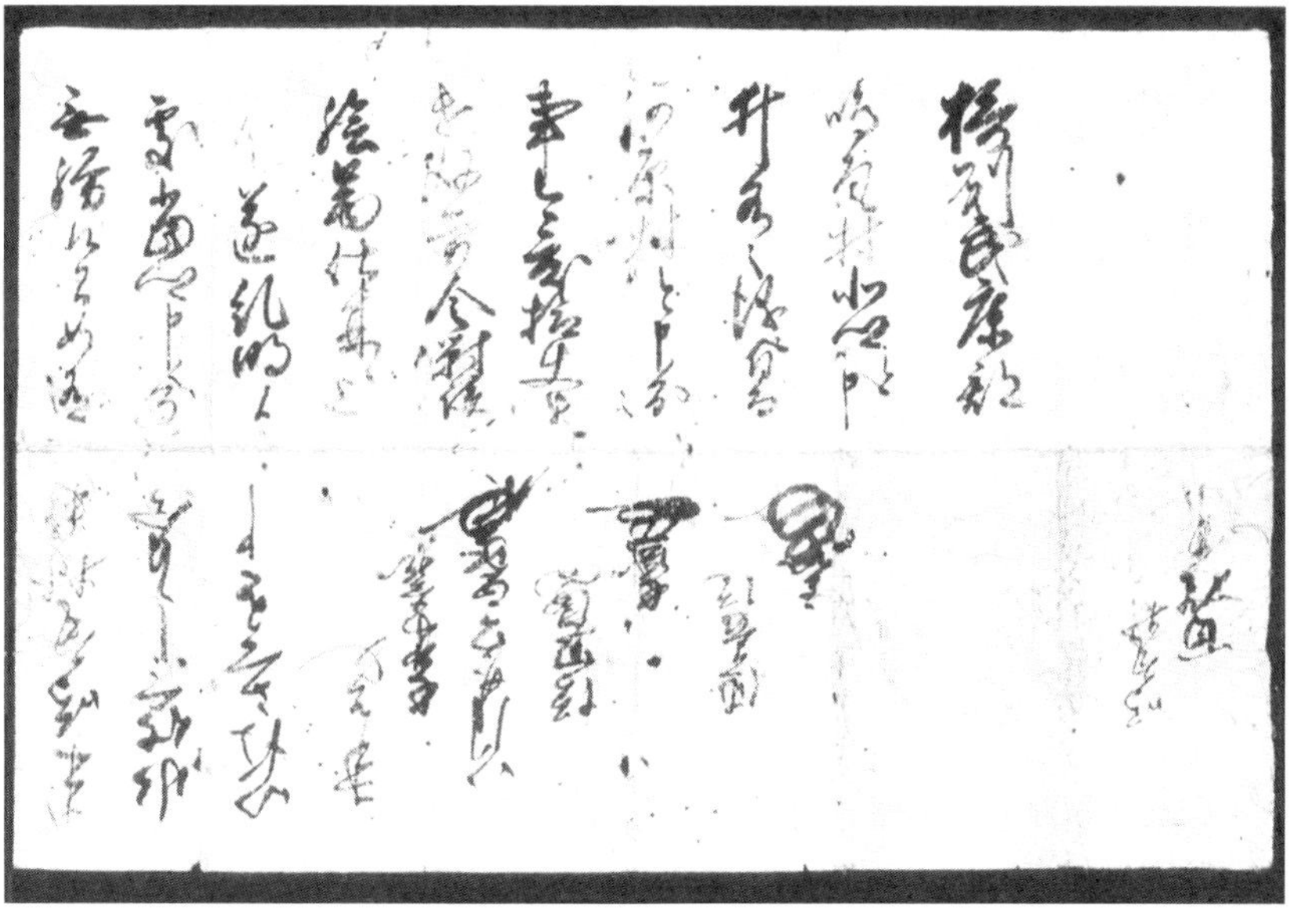

写真 2-2　豊臣氏奉行衆裁許状
（西宮市立郷土資料館編『新西宮の文化財』より転載）

奉行衆が審理を行ったこと、現地調査をふまえた審理の結果、鳴尾村の権利が承認されたことが判明します。

右の文書に先立ち、文禄二年（一五九三）ころに、前田玄以から鳴尾村を知行する佐々孫七に宛てて、次のような文書が出されています［（年未詳）四月十八日「前田玄以書状」］。

> 鳴尾村の用水の件について、従来通りとするように（秀吉がヵ）命じたことは、道理にかなっています。今後、河原林村との間で争いを起こさないように、（鳴尾村へ）申しつけてください。石川伊賀守にもそのように伝えました（以上、主要部を意訳）。

本文書の内容から、鳴尾村の権利がこの段階で承認されていることがわかります。なお、文中に出てくる石川伊賀守は、当時の瓦林村の領主（給人）であったと思われます。

以上をまとめると、①相論の発生した天正二十年（一五九二）の翌年（文禄二年）ころに、鳴尾村の権利が暫定的に認められ（「前田玄以書状」）、②その数年後［慶長元年（一五九六）以降ヵ］に、本格的な調査を経た最終結論として、鳴尾村の権利が改めて承認された（「豊臣氏奉行衆裁許状」）、となります。

次に、江戸時代の文書に同相論がどのように描かれているのか確認します。「北郷樋水論一件記録（四通）」のうち、上瓦林村の慶応三年（一八六七）の文書には、

> 文禄（一五九二―九六年）のころ、鳴尾村が枝川（武庫川支流）を横切って新規に底樋を伏せ、用水を盗み取った。そこで上瓦林村をはじめとする瓦林荘の村々は、弓・鑓・馬上などを携え、また隣村に加勢を頼んで鳴尾村と合戦に及んだ。そのため、双方に怪我人や死人が多く出た。このことが朝鮮出陣直前の豊臣秀吉の耳に達し、双方が吟味をうけた。鳴尾村は一三人がお仕置き（処刑）にされ、用水は鳴尾村のものになった（以上、意訳）。

とあります。村人たちが弓や鑓で武装し、馬上（騎馬武者）まで用意していることが注目されます。また、合戦にさいして隣村へ加勢が依頼されています。これについては、同記録所収の広田村の文書に、「西の村々は瓦林村へ加勢し、東の村々は鳴尾村へ加勢した」とあります。

加勢した村々ですが、天保十一年（一八四〇）に瓦林村の極楽寺において執り行われた犠牲者二百五十回忌追善法要の記録によると、瓦林村側は津門村・広田村・高木村、鳴尾村側は両大嶋村（東大嶋・西大島）・浜田村・芋村・今北村となります。瓦林村側は武庫川右岸（西側）、鳴尾村側は武庫川左岸（東側）の村々です。武庫川を境として両陣営に分かれたことになります。

写真 2-3　義民殉難碑（浄願寺）

瓦林村側は、同一の用水路（百間樋、もしくはその前身となる用水路）に関係する村々と思われます。一方の鳴尾村側は、鳴尾村以外は武庫川対岸（東側）の村々であり、やや唐突な印象をうけます。以下は推測なのですが、鳴尾村に加勢した村々は、商業・流通を通して鳴尾村と日常的に付き合いがあり、かつ、江戸時代に武庫川の水をめぐって武庫川両岸の村々が争っていることから、武庫川の利用をめぐる対立関係が江戸時代以前から存在し、武庫川左岸（東側）の村々はあえて鳴尾村に肩入れすることで、日ごろの鬱憤を晴らそうとしたのではないでしょうか。

諸史料を総合すると、事件の経緯は以下の二段階に考えることできます。

**［第一段階］**天正二十年の夏、日照りが原因で、北郷用水をめぐる水論が発生しました。おそらく鳴尾村が瓦林村の水を盗んだのでしょう。鳴尾

写真 2-4　義民殉難碑（部分）

村の人々は、生きるために隣村の水に手を出しました。鳴尾村と瓦林村の水をめぐる紛争は、双方が近隣の村々から加勢を得たことで、ついには地域規模の武力衝突へと発展しました。こうした事態に対して、在所の年寄（村の有力者）が調停を試みたり、在所衆（鳴尾村住人カ）が京の貴族のもとに召し上げられて糺問をうけるなど、問題解決に向けた動きがみられました。

［**第二段階**］事態は急変します。同年九月、在所衆が牢に入れられ、十月に処刑されてしまいました。処刑された人数は、鳴尾村の二五人とするもの、鳴尾村二五人・瓦林村二六人とするもの、『多聞院日記』の八三人など、史料によって一定しません。当時としても異例と思われる人数が処刑されたようです。この厳しい処罰は豊臣政権が指示しました。関係者の処刑後、豊臣政権は現地の実態調査を行い、鳴尾村の権利を承認することで事態を落着させました。

なお、争奪対象となった北郷用水ですが、具体的にどの用水路のことなのか、特定することは難しいです。鳴尾村の北西部に北郷という地名があるので、瓦林村を上流から貫流する用水路があり、これが北郷を経由して鳴尾村まで延長していたものと、ここでは考えておきます。

ところで、鳴尾村の浄願寺（じょうがんじ）には、このとき犠牲になった村人を顕彰する石碑「義民殉難碑（じゅんなんひ）」があります。天明七年（一七八七）に建立されました。昭和八年（一九三三）に改刻したと銘文にありますが、元の石碑を再現する形で造り直したように見受けられます。台座部分は石碑本体よりも古びていて、造立当初のものと思われます。台座の正面に「鳴尾庄中建之」、左側面に「細工人　西宮　石工善六」、背面には「世話人　□鳴尾村　小西五兵衛・井上九兵衛・井上文蔵」とあります。

石碑本体は、正面に「南無阿弥陀仏」の六字名号が大きく記され、その周囲に、処刑された二五人の法名と俗名が刻まれています。石碑の裏面には、事件の経緯が漢文で記されています。主要部分を意訳します。

奉行は、「鳴尾村の主張はもっともであるが、殺人の罪は軽くない。水を得ようとすれば死を免れない。死を免れようとすると水を得ることができない。さてどちらを欲するのか」と村人に問うた。すると村人は、「たとえ我々が生きながらえても、水がなければ村人は全員死んでしまう。我々が死ぬことで子孫に水を残してやりたい」と答えた。そして村人二五人が処刑された。（このことを聞いた）秀吉は、「善きかな百姓。忠臣のごとし」と嘆じ、手ずから六字名号を書し、その左右に処刑された村人の法名と俗名を記して、浄願寺に与えた。

死と水の獲得との矛盾のなかで、鳴尾村の代表二五人は子孫のために自らを犠牲にする覚悟をみせ、その毅然たる態度を惜しんだ豊臣秀吉が、彼らの供養と顕彰のために六字名号を書した、とあります。その内容は、今日語られる「鳴尾の義民」伝承とよく似ています。また、石碑正面の銘文は、秀吉が書したとされる六字名号にちなんだものです。

## 戦う村

それにしても、武器を手にした村人が、近隣の村々と連合を組んで合戦に及ぶとは、戦国時代の農民・村落はなかなか強烈です。彼らは権力に従順な大人しい存在などではなく、武力に訴えてでも自らの権利を主張する、自立精神の旺盛な人々でした。一般に中世後期（南北朝・室町・戦国時代）の村落は、構成員による自治を基本としました。こうした自治的な村を惣村といい、とくに近畿地方とその周辺地域に多くみられました。以下では、惣村の典型例として近江国菅浦荘について述べます。

琵琶湖北岸から湖に突き出た葛籠尾崎に、菅浦荘という小村がありました（現滋賀県長浜市西浅井町）。村の南方沖合には信仰の島である竹生島があります。琵琶湖での漁労や運漕業などを生業とした村でした。中世後期の菅浦は、惣村として自治的な村落運営を行いました。

写真 2-5　菅浦の集落

村の経営は、宿老（乙名）と呼ばれる有力者二〇名を中心に行われました。菅浦の住人は結束が強く、自らを「惣庄」と呼んでいました。惣とは全体を意味する言葉です。村は一種の法人格でした。村内の秩序を維持するため、住人の総意として、独自の法（惣掟・村法）を定め、犯罪人の逮捕・裁判・処罰を行う検断権を行使しました（自検断）。また、年貢は村の責任において領主へ納入し、領主による村内への介入を阻止しました（村請）。

中世社会は自力救済の世界です。当時の公権力（室町幕府・朝廷など）は、人々の安全や利益をほとんど守ってくれません。裁判をしても、執行能力がないので、結局は当事者の実力がものをいいました。そのため、人々は何か権利が侵害された場合、自らが所属する集団の力によって権利の回復を図りました。これを自力救済といいます。要するに「自分の事は自分で解決する」ということです。菅浦もまた様々な困難を経験するなかで、自力救済を旨とする自立的な惣村へと成長していきました。

十三世紀末以降、菅浦は、葛籠尾崎の付け根に位置する大浦荘（おおうら）と、およそ二〇〇年にわたって対立しました。争点は日指（ひざし）・諸河（もろかわ）の田地です。周囲を山と湖に囲まれた菅浦には、田畑はわずかしかありませんでした。そこで菅浦の住人は、十三世紀の中頃に、菅浦と大浦の間にある小さな谷に田地を開きました。これが日指と諸河です。ところが、この地はもともと大浦荘が開発した土地であったことから、菅浦と大浦は鋭く対立し、同地をめぐる相論が頻発しました。

写真 2-6　日指の田地

応仁の乱（一四六七―七七年）が始まる少し前の寛正二年（一四六一）、両者はついに全面対決に至ります。あるとき、行商に出た菅浦の者が大浦荘にさしかかったところ、大浦方より窃盗の疑いで殺害されました。憤激した菅浦方は、報復として大浦荘へ押し寄せ、大浦荘の住人四、五人を殺害し、付近を放火しました。すると大浦方は、大浦と日指・諸河の領主である裏松（うらまつ）（日野）家に菅浦の行状を訴え、菅浦と大浦は裏松家の法廷で対決することになりました。

裏松家の法廷では、双方の当事者が出頭して問答が行われました。大浦からは加害者本人が出頭し、菅浦からは殺害された男の母親が出頭しました。しかし問答では理非の判断がつかなかったので、神意を問う湯起請（ゆぎしょう）が行われました。湯起請とは、原告・被告の双方が、煮えたぎった釜の湯の中に置かれた石などを素手で拾い、火傷の程度によって事の正否を判断する、裁判の方法の一つです。結果は大浦の勝訴となり、菅浦は盗人とされ

写真 2–7　西の四足門（村の門　菅浦）

ました。大浦側は若い男だったので腫れが少なく、菅浦側は老婆で痩(や)せていたため、腫れが大きく見えたそうです。

　裁許ののち、菅浦のこれまでの態度に立腹していた裏松家が菅浦の対治(たいじ)（退治）を命じ、これに同調した大浦荘は周辺の村々に合力(ごうりき)を依頼し、菅浦攻撃の準備を進めました。菅浦側は弁明に努めるも裏松家に受け容れられず、仕方なく武力対決の道を選びます。けれども、事前に菅浦への合力を約していた村々は、実際には一村も来援しませんでした。菅浦が盗人の罪科(ざいか)に処されていて分が悪く、また、菅浦へ味方しないよう裏松家が手を回したからです。菅浦は孤立してしまいました。

　やがて大軍が菅浦に攻め寄せてきました。裏松家代官松平益親(まつだいらますちか)を大将とする武士の軍勢と、大浦に合力する村々の軍勢です。彼らは陸と湖から菅浦を包囲しました。

　地下(じげ)にはわつかに老若百四五十人にて、城をかため、只(ただ)一すち二枕をならへ打死(うちじに)□候へ、目と〱見あわせ、二三度の時のこゑ（関声）をもあわせす、ひそかにしつまりきんて候ところを、よせて（寄手）こわ〱やおもわれ候ける、くまかゑ（熊谷）の上野守(こうずけのかみ)の手より籌策(ちゆうさく)をめくらし、色々依二口入一(くにゆうにより)、煙をあけ、けし人（解死）には道清(どうせい)入道・正順(しようじゆん)入道命を捨、しほつ（塩津）との丶同道にて、松平遠江守(とおとうみのかみ)まゐ出(いで)、かうさん（降参）をいたし候て、地下ニ無為無事(ぶいぶじ)に候し、

　右の史料は、この合戦の顛末(てんまつ)を記した「菅浦・大浦両庄騒動記」の一節です。菅浦側は住人総出で防備を固め、討ち死に覚悟で息を潜(ひそ)めて、敵の襲来を待ち受けました。なかなか悲壮な場面ですが、勝負の行方は明白で

写真 2-8　須賀神社（菅浦の鎮守社）

した。菅浦は滅亡の瀬戸際にありました。

そこへ熊谷上野守（湖北塩津の地頭）が仲裁に入り、菅浦の降参が認められました。菅浦は煙を上げて降参の意志を示し、乙名（村の指導者）の道清入道・正順入道を解死人（後述）として差し出して、正式に降参しました。菅浦にとっては屈辱的な敗北でしたが、一村滅亡の事態はぎりぎりのところで回避されました。

今回の相論は、どうやら菅浦がやり過ぎたようです。最初に菅浦の住人が一人、大浦方によって殺害されました。これに対して菅浦側は、報復として大浦の住人を殺害しました。中世の人間は、やられたら必ずといっていいほど、やり返します。権利の侵害を甘受しているようでは、村を維持する能力なしと周囲からみなされ、さらなる不利益を蒙ってしまいます。報復は権利を主張するために必要なことでした。

しかし同時に、報復には限度がありました。受けた損害と同程度の損害を相手に与える同害報復が、当時の社会的常識でした。これを「相当の儀」といいます。この原則に従うならば、菅浦側の損失は一人なので、大浦側への報復は、受けた損失と同数の一人とするのが妥当です。ところが、積年の恨みつらみがあったためか、菅浦側は相手を四、五人も殺害した上に、放火まで行いました。明らかにこれは過剰報復、「相当の儀」にもとる行為です。そのため、菅浦は周囲から非があるとみなされ、ついには一村滅亡の危機を招いてしまったのでした。

## 紛争抑制への努力

自力救済を基本とする中世社会において、村の権利が侵害された場合、その回復は村自身の力で行わなければなりませんでした。そのためには、交渉する能力、訴訟を闘う能力など、自力救済を実現する能力を身につける必要がありました。その一つに武力があげられます。武力の保持および行使は、村の自立を維持し権利を主張するための、重要な力であり権利でした。人々は村の権利の侵害に対して敢然と立ち向かい、必要があれば武力を行使して、その回復を図りました。用水・山野をめぐる村落間紛争では、村の武力がしばしば発動されました。

写真 2-9　日根荘（泉佐野市下大木）

また、村と村との紛争が、近隣の村や武士の加勢（合力）を得ることで、しばしば村連合同士の地域規模の紛争に発展しました。菅浦の場合、寛正二年の相論では孤立しましたが、それ以前の文安二年（一四四五）の相論では、菅浦・大浦の双方が近隣からの合力を得て、村連合同士の合戦に及んでいます。村連合同士の衝突は、決して特異なことではありませんでした。

このように武力行使をともなう村落間紛争が多発する一方で、紛争による損失を抑制しようとする努力もなされました。前述した「相当の儀」はその一つです。報復は社会的権利ですらありましたが、同害報復の範囲内に止めておくべきことを、当時の人々は意識していました。

しかし現実には、報復の応酬のなかで「相当の儀」から逸脱し、激しい村落間紛争に発展することもありました。すると上手くしたもので、中人（仲人）と呼ばれる仲裁人がどこからともなく現れて、第三者の立場で当事者間を調停しました。中人には、近隣の有力者や村が名乗り出ました。中人が当事者の間を取り持ち、調停案に合意させて落着した村落間紛争の事例は、いくつも見出されます。鳴尾村・瓦林村の相論でも、村の有力者（年寄）が調停を試みています。

また、解死人（げしにん）制という独特の慣習もありました。解死人とは、殺人をともなう事件において、加害者側から被害者側へ差し出された人のことです。菅浦が乙名二人を大浦へ差し出して降参・謝罪したように、解死人は降参・謝罪の証（あかし）として被害者側へ差し出されました。解死人の運命は相手の手に委（ゆだ）ねられ、報復として処刑されたとしても、加害者側は文句がいえません。解死人制は、被害者側の報復感情を満足させ、暴力を「相当の儀」の範囲内に押し止めようとする、中世人の知恵であるといえます。もっとも、実際に処刑されることは少なかったようです。

なお、解死人は村の住人から選ばれる建前ですが、実際には乞食僧や浪人などが差し出されることが多かったようです。員数外の者を普段から村で扶養しておき、いざというときに差し出すのです。鳴尾村・瓦林村の相論でも、同様のことが行われた可能性があります。秀吉の命令により一村宛て一人ずつ磔と決定したさい、乞食を差し出したり、家格の低い者が子孫の厚遇を条件に村の指導者の身代わりとなったことが、江戸時代の記録にみられます。

堪忍（かんにん）（堪え忍ぶ）するということも、紛争を抑制するための思想なのかもしれません。前出の「菅浦・大浦両庄騒動記」には、「少々の不足（権利の侵害）があってもとにかく堪忍して、紛争にならないようにしなくてはいけない。（そうでないと）最初は取るに足らない争いであっても、今回のような大事（おおごと）になってしまう」とあります。菅浦の住人は、報復の末に滅亡の危機に直面した苦い経験から、自力救済（報復）を抑制することを学び、子孫への戒めとしました。

このように中世後期の村々は、用水や山野をめぐる紛争を繰り返す一方で、「やられたらやり返す」を地でいく報復合戦を抑制するためのルールを生み出しました。村落間の協力関係もまた、村落間紛争を経験するなどして次第に形成され、用水路の共同管理などを実現しました。対立と協調と、その時々で揺れ動きながら、村々が共存する独自の地域秩序が各地に形成されました。

さて、村の自力救済能力を維持するためには、厳しい掟を自ら定め、村人を強く規制することが必要でした。そして、村の秩序を守るために、ときには過酷な制裁を村人に科すこともありました。以下は和泉国日根荘（現大阪府泉佐野市。九条家領荘園）で起こった実話です。

写真 2-10　火走神社（滝宮）

文亀四年（一五〇四）二月、当地域は飢饉で多くの人が餓死し、生き残った者は蕨を掘って露命を繋いでいました。蕨は川の流れにさらして灰汁を抜き、粉に処理して食べました。ところが、この蕨粉が毎夜盗み取られてしまいました。人々の命を繋ぐ貴重な食料です。入山田四ヶ村の村人たちは見張り番を立て、ひそかに見張っていたところ、ある夜、盗み取る者が現れました。あとをつけていくと、犯人は入山田村の惣鎮守社滝宮（火走神社）の巫女の家に入っていきました。すると村人らは家の中に踏み込み、犯人の兄弟二人とその母親を盗人の罪で殺害しました。同様の事件は三月にも発生し、このときは犯人の寡女二人を家の中に追い込んで殺害しました。さらに同じ日に十七、八歳の男子一人と年少の子供を殺害し、前夜には六、七人を殺害しています。

たかが蕨の粉を盗んだだけで何も殺さなくても、と思ってしまいますが、そもそも盗みは殺人・放火とともに中世社会では重罪とされ、犯人は殺害されることが多かったのです。ましてや飢饉のなかでの食糧の盗難です。死罪は仕方なかったのかもしれません。けれども、制裁をうけたのは、一家の働き手（夫）のいない母子家庭や寡女（単身女性）、そして子供たちでした。彼らは食糧調達能力が低い、当時の社会的弱者でした。自検断の非情な一面を示す話です。

もっとも、過酷な掟を緩和する動きもみられました。文明十五年（一四八三）八月、菅浦は村の総意として一つの掟を定めました。その内容は、「近年、ささいな理由で死罪や追放刑が行われている。これは余りにも無情であり、罪人の跡式（財産）を相続できない子供は不憫である。よって今後は、罪人の財産をその子供に相続させる」というものです。自検断が安易に発動されて死罪や追放刑が行われ、犯罪人の財産は村に没収されていましたが、これに修正を加え、犯罪人の家族が路頭に迷わないように、その相続権が承認されたのでした。

## 豊臣秀吉の意図

こうしてみると、鳴尾村と瓦林村の相論は、自力救済の中世的伝統に則ったものであり、関係者の大量処刑という厳刑が必要とされるような要素は、相論自体には見出されません。それにもかかわらず、豊臣政権が厳罰でもって臨んだ背景には、政権側の意図が働いていました。

豊臣秀吉は、兵農分離として知られる身分統制政策を推し進めました。すなわち、世の中の人々を、支配する側の武士と、支配される側の民衆（職人・商人・農民などの全民衆）とに、大きく二分しました。武士は軍事力

写真 2-11　八ツ松公園の義民顕彰碑
（昭和 45 年建立）

を独占して民衆を支配し、民衆は武士による支配のもとで生業に励み税を負担します。武士の世界の内側では、各武士は主君である大名に従い、大名は最高権力者たる秀吉に服従します。秀吉はこのように人々を身分に基づいて序列化し、自身を頂点とするピラミッド型社会の構築を目指しました。この身分制度は次の江戸幕府のもとで完成します。

秀吉の構想において、民衆の大半を占める農民は、有名な天正十六年（一五八八）の刀狩令の一節に「百姓は農具さえもち、耕作専らに仕り候えば、子々孫々まで長久に候う」とあるように、生業である農業に専念することが求められました。農民は武器を手に自己主張をしてはならず、あくまでも武士権力に従属し、おとなしく年貢を負担する存在でなければなりませんでした。そのために秀吉は、刀狩令によって民衆の武装解除を図りました。秀吉は一揆の発生を何よりも恐れていました。かつて激烈な抵抗を示した一向一揆のように、民衆が団結し、武力でもって権力に立ち向かってくる事態は、二度と起こしてはなりませんでした。

右の刀狩令と連動する政策に喧嘩停止の命令があります。これは、村落間紛争における武力の行使を私的な「喧嘩」とみなして禁止し、代わって豊臣政権や大名の法廷において問題の解決を図るとする、豊臣政権が定めた紛争解決のルールです。違犯した場合は、事の正否にかかわらず、当事者双方と合力した村々が厳しく処断されました。武力の行使を否定し裁判による解決を示したことは、紛争を平和的に解決するという意味において、進歩的なルールであるとの評価も可能です。違反者が厳罰に処されることも、平和的手段を戦国的気風の強い社会に定着させるためには、あるいは致し方なかったのかもしれません。

けれども、この喧嘩停止の新ルールは、あくまでも権力側の都合によるものでした。前述したように、村々は武力衝突を含む紛争を通して、独自の紛争解決のルールを生み出し、自分たちの力で地域の秩序を形成してきました。しかしながら、唯一の公権力として全民衆の上に君臨したい秀吉にとって、自力救済を是とする社会のあり方は否定する必要がありました。これを認めてしまうと、民衆の武力保持はまったく正当であり、自力救済の結果生み出された紛争解決のルールや地域の秩序も正当化され、豊臣政権の存在意義が霞んでしまいます。そもそも忌避すべき一揆は、このような自力救済社会の中から出現しました。

したがって、村々が紛争を自力で解決する能力を持つことは、武力の保持や行使とあいまって、秀吉にとっては容認しがたいことでした。武力を保持していいのは支配者たる武士であり、紛争を解決する権利も同様に武士が独占する。物事の決定権は最終的には武士の側にあるということです。秀吉は権力にとって危険な牙を民衆から抜き取り、農業に専念する「平和」的な農民へと改造しようとしました。

ところが鳴尾村と瓦林村は、秀吉が定めたルールを当然のごとく無視し、従来の自分たちのやり方で相論を展開してしまいました。しかも時期が悪かったです。鳴尾村・瓦林村の相論が起こった天正二十年（一五九二）は、秀吉が明国征服を掲げて朝鮮半島に出兵した年でした。同年四月、遠征軍一六万人が続々と朝鮮半島に上陸し、五月には早くも首都ソウルを陥落させています。この朝鮮出兵に先立ち、日本国内は戦時体制に移行し、兵員の大動員が行われました。農民も兵糧の運搬などに従事する陣夫として大量に徴発され、村々は多大な負担を強いられました。こうした負担をさせるためにも、豊臣政権による農民支配はこの時期、一層強化されたものと思われます。

こうして秀吉は、明国征服という対外戦争の準備および戦争そのものを通して、国内の支配体制の強化を図りました。そのため、秀吉の意向に逆らう鳴尾村・瓦林村の相論は、必要以上に厳しく、見せしめ的に処断されたのでした。ちなみに、秀吉は太閤検地などの諸政策を実行するにあたり、常に軍事的威圧をし、しばしば見せしめ的虐殺を行いました。世間に流布する秀吉の明るいイメージは虚構にすぎないと、私は思います。

豊臣政権は村落間紛争を処理するさい、現地の実状をしっかりと調べ、地域の慣行を尊重する態度を示しました。豊臣政権の官僚は現地の事情に疎く、問題の解決には地域の慣行を尊重せざるをえなかったからです。こうした柔軟性と現実性は確かにあるのですが、問題はやはり村の権利を否定して、権力側のルールを一方的に押しつけたことにあると思います。

義民伝承に抜け落ちているのは、豊臣秀吉によって村々の重要な権利が圧殺されてしまったことへの批判です。鳴尾村の義民は、権力による見せしめ的処罰の犠牲者でした。その恨みつらみが義民伝承を残す一つの原動力になったのかもしれません。また、用水の権利を多くの犠牲と引き換えに勝ち取った事実は、鳴尾村においては、代々語り継がれるべき歴史的成果でした。しかしながら、権力者秀吉への批判は影を潜め、「村民の犠牲精神にお上も感じ入った」という内容に変形して伝わる点に、武士による支配体制が確立した江戸時代の桎梏が見出されます。

豊臣秀吉が日本国に「平和」をもたらしたとするならば、その一方で民衆はいったい何を失ったのでしょうか。すぐに答えは出ないかもしれませんが、一考に値することだと思います。

# 第三章　甲山森林公園の刻印石

## 豊臣期大坂城

関西学院の西側に兵庫県立甲山(かぶとやま)森林公園（以下、甲山公園と略称）があります。公園内は豊かな緑にあふれ、四季折々の自然に触れながら、気軽に散歩を楽しむことができます。とくに展望台からの眺望はすばらしく、晴れた日には大阪平野を遠くまで見通すことができます。

この展望台の裏手に、ちょっとした岩山があります。小道に沿って岩山の茂みに分け入り、周囲の岩石に注意すると、縁(ふち)にギザギザの切れ目があるもの、符号のようなものが刻まれたもの、側面が妙に平たく割れたものなど、人工的に手が加えられた痕跡のある岩石が、いくつも見出されます。実はこれらの岩石は、大坂城の石垣に使用された石材に関係する遺構なのです。かつて甲山公園の一帯は、大坂城石垣用の石材を生産する採石場の一つでした。

大坂城は、豊臣秀吉が統一政権の本拠の一つとして築造し、豊臣家の滅亡後は、江戸幕府の西国(さいごく)支配の拠点となった城郭(じょうかく)です。大坂城が築かれる以前の同地には、一向宗(いっこうしゅう)（浄土真宗）の本山である大坂本願寺(ほんがんじ)（石山(いしやま)本願寺）がありました。戦国時代、交通・流通の要衝である大坂の地に、本願寺と寺内町が建設され、都市的な発展をとげました。本願寺の周囲には防禦用の堀や土塁がめぐらされ、さながら城郭のようであったと推測されます。

元亀元年（一五七〇）九月、本願寺宗主の顕如は各地の門徒を動員し、織田信長との戦闘を開始しました。一揆勢は各地で織田勢と激しく衝突し、一向一揆の司令塔たる大坂本願寺も織田勢に包囲されました。本願寺の一揆勢は、前後十一年間にわたり抵抗を継続しました。しかし天正八年（一五八〇）四月、力尽きた顕如は信長と和睦を結び、本願寺から紀州雑賀の鷺森御坊（現和歌山県和歌山市）へ退去しました。顕如の退去後も、和睦に反対する教如（顕如の長男）が籠城しましたが、同年八月、敗北して本願寺より退去しました。そのさい、本願寺の伽藍は教如の手で焼き払われたと伝えられます。

写真 3-1　豊臣期大坂城の石垣
（移築保存。大阪市中央区大手前）

その後、大坂本願寺の跡地は信長の番城となり、信長の没後は池田恒興の所有になりました。やがて織田政権の継承者として豊臣秀吉が台頭します。秀吉は大坂の地に目をつけ、同地に壮大な規模の城郭を築造しました。これが大坂城（豊臣期大坂城）です。

大坂城の普請は、天正十一年（一五八三）九月から秀吉没後の慶長五年（一六〇〇）七月まで、断続的に行われました。城郭全体が石垣で構築され、高石垣と幅の広い堀で囲まれた主郭部（本丸）には、外観五層の大天守がそびえ立ちました。城郭の周囲には、商人や職人を集めた大規模な城下町が建設されました。この城下町が現在の都市大阪の基礎になります。さらにこの城下町を幅二〇メートルの堀（惣構堀）で囲い込んだ結果、大坂城は二キロメートル四方の大城郭となり、統一政権たる豊臣政権の権威を天下に示しました。

豊臣期大坂城の石垣は野面積みによって築かれました。野面積みとは、加工していない自然石を積み上げる石垣構築の手法です。石材の形・大きさは不揃いで、石と石との隙間が大きく、江戸時代の城郭石垣と比べると、ひどく雑な積み方のように見えます。それでも、総石垣造りの城郭がまだ珍しかった当時において、大坂城の石垣は最大の規模を誇りました。石垣用の石材は、おもに六甲山系と生駒山系から調達されたようです。

本格的な石垣造りの城郭は、織田信長が築いた安土城（現滋賀県近江八幡市）を嚆矢とします。戦国時代の城郭は、土塁と空堀を複雑に組み合わせた構造をとるのが一般的です。石垣を使用した例もありますが、城郭の一部に低い石垣を築く程度でした。ところが安土城は、城郭全体が石垣で築かれ、主郭部は前例のない高さの高石垣で固められました。

写真 3-2　安土城跡

安土城の特異な点は石垣だけではありません。石垣を土台にして瓦葺き建築が立ち並び、城郭の中心には外観五層の巨大な天守がそびえていました。従来、おもに寺院建築に使用されてきた石垣と瓦葺き建築の技術を、信長は城郭施設に大々的に導入しました。天守についても、小規模なものは以前より存在しましたが、安土城の天守は、城郭建築としては当時の常識を凌駕する、巨大で豪華な高層建築でした。

つまり、姫路城や松本城・熊本城などに代表される、立派な石垣と瓦葺き建築・天守を備えた近世城郭の源流は、信長の築いた安土城にあります。信長は、これまでの常識を打ち破る内容の安土城を築き、そこに自ら

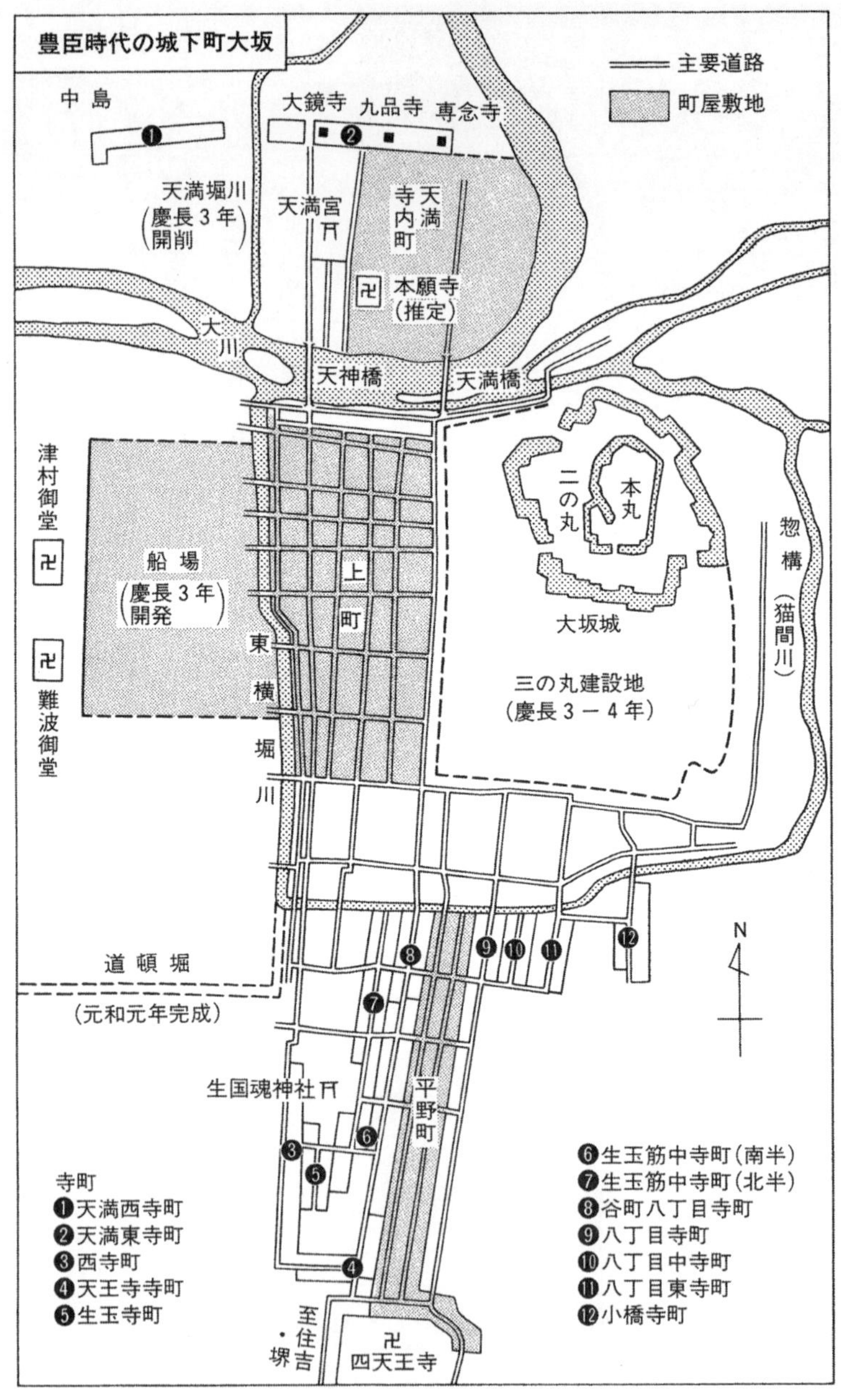


図3-1　豊臣期の大坂

[内田九州男「豊臣秀吉の大坂建設」(佐久間貴士編『よみがえる中世2 本願寺から天下一へ 大坂』所収) より転載]

が居住することによって、日本国の支配者が誰であるのか、視覚的に誇示したものと思われます。この信長の手法を踏襲した秀吉は、安土城を凌ぐ規模の大坂城を築き、もって天下人たる自身の権威を世に知らしめたのでした。

しかし秀吉の大坂城は、江戸幕府成立後の慶長二十年（一六一五）五月、徳川家康率いる幕府軍の攻撃により落城しました。大坂夏の陣です。秀吉の息子秀頼とその母淀殿は自害し、大坂城と大坂の町は灰燼に帰しました。大坂城は豊臣家と運命を共にしたといえるでしょう。

写真 3-3　現在の大坂城

## 徳川期大坂城

豊臣家を滅ぼした江戸幕府もまた、大坂の地の重要性を認識していました。第二代将軍徳川秀忠治世下の元和五年（一六一九）、幕府は大坂を直轄地とし、翌元和六年からおよそ十年間をかけて大坂城を再建しました。これが現存する大坂城（徳川期大坂城）です。

徳川期大坂城は惣構を持たなかったので、城域の面積こそ豊臣期の四分の一程度に縮小しましたが、幅広く深い堀や天を仰ぐような高石垣など、豊臣期を上回る実質を備えた大城郭です。とくに石垣の規模は幕府の本拠である江戸城を凌ぎ、同時期に築かれた世界の石造建築の中でも屈指の規模になるそうです。石垣の高さは最高で約三二メートルあります。

再建された大坂城は、豊臣期大坂城の上に、これを覆い隠すように築か

写真 3-4　大坂城（二の丸六番櫓）

れました。大坂は豊臣家ゆかりの地であり、大坂城は豊臣家の権威の象徴でした。人々の間では、豊臣家の威光がいまだ鮮烈に記憶されていたことでしょう。この豊臣家の権威を世の中から消し去り、新たに幕府と徳川家の権威を示すには、大坂城を豊臣期よりも大規模なものに作り直す必要がありました。

そこで豊臣期大坂城の上に徳川期大坂城が新たに築造され、豊臣家の権威は地下に埋没させられました。そのため、現在の大坂城を発掘すると、地下から豊臣期大坂城の石垣などの遺構が検出されます。さらにその下には、大坂本願寺の遺構が埋まっているものと推測されます。

大坂城の主郭部には、外観五層・内部六階、地上からの高さ約五八メートルの、白堊（はくあ）の大天守がそびえていました。江戸城の天守とほぼ同じ規模を誇りましたが、寛文五年（一六六五）に落雷で焼失してしまいました。現在の天守は、昭和六年（一九三一）に建てられた近代建築です。徳川期の天守台の上に、豊臣期の天守を模した鉄筋コンクリート製の天守が乗っています。また、豊臣期の天守は黒を基調（各層の上部＝鼠色の漆喰（しっくい）、下部＝黒色の腰板（こしいた））とした渋い外観でしたが、最上階の五層目を除き、徳川期の天守と同じく白漆喰壁になっています。

このように、戦前期に「復興」された天守は、豊臣・徳川両時期の要素が混じり合った、独特な様式の建築物です。歴史的に正しく再現されたものではありませんが、近代に創造された天守として楽しめばよいと思います。今では大阪を代表する景観の一つとなり、近代建築としての価値から、登録有形文化財に指定されています。

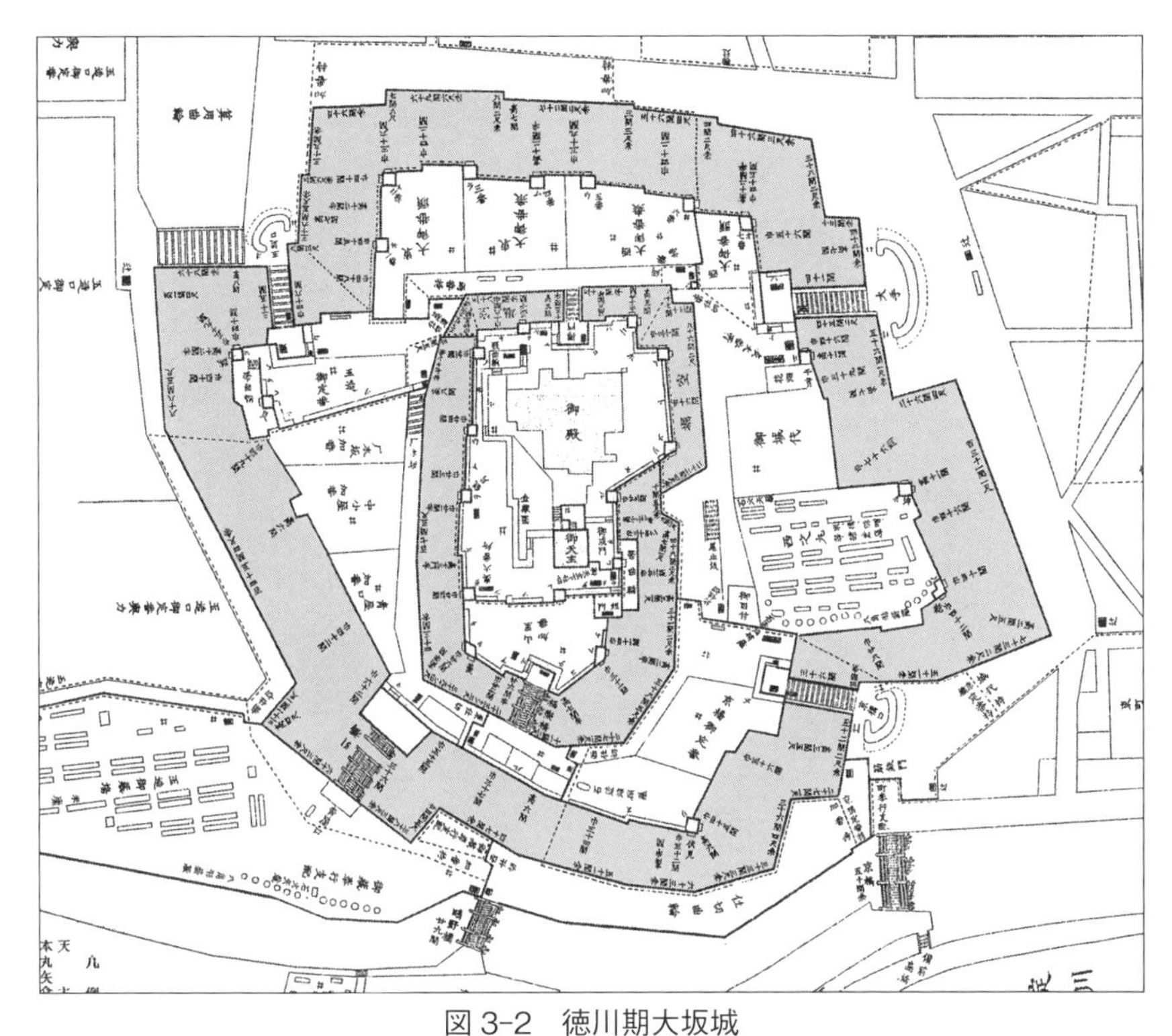

図 3-2　徳川期大坂城
［小野清編著『大坂城誌　全』（名著出版　1973 年）より転載、一部改変。上が南］

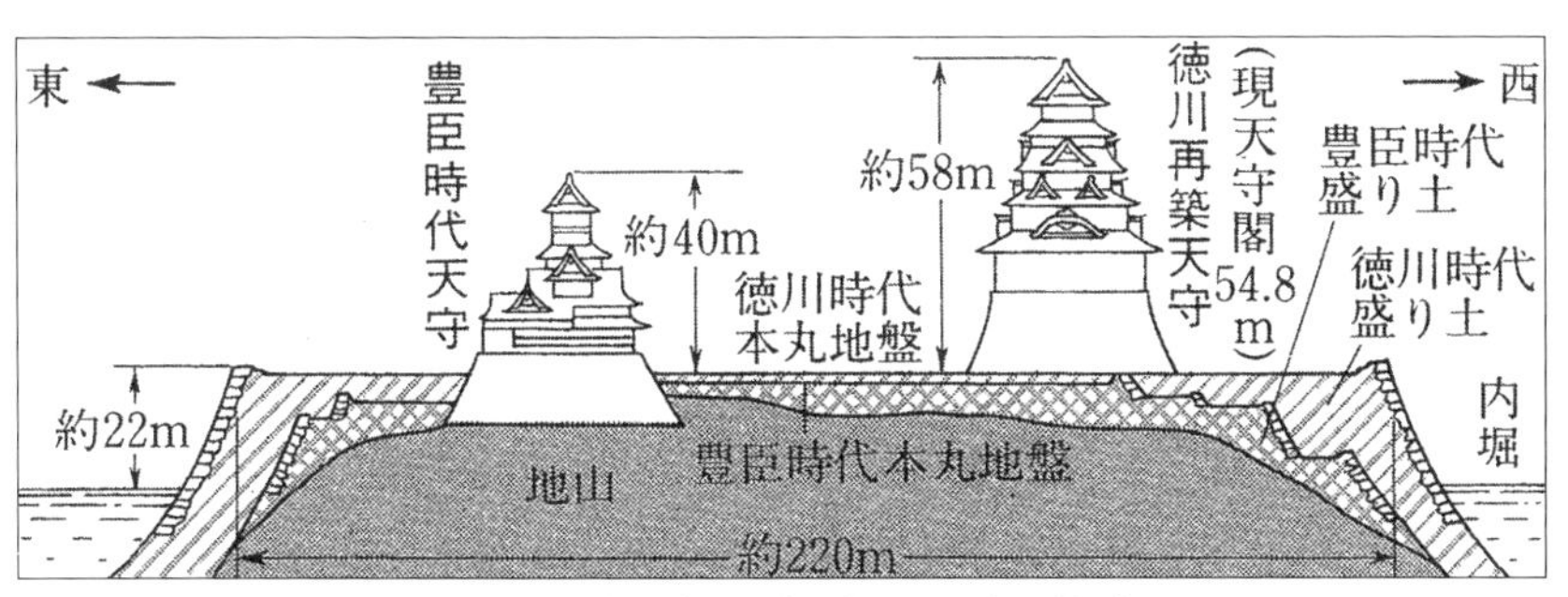


図 3-3　豊臣期・徳川期大坂城の比較
（朝尾直弘『大系日本の歴史 8　天下一統』より転載）

写真 3-5　大坂城石垣（千貫櫓付近）

現在、天守の内部は歴史博物館になっています。同館には、豊臣秀吉をはじめとする織田・豊臣期前後の人物に関わる古文書が、一千点近くも収集されています。また、大坂城跡は特別史跡に指定され、大阪城公園として活用されています。

さて、徳川期大坂城の築造は、江戸幕府が諸大名を動員して行う御手伝普請として実施されました。いわゆる天下普請です。動員されたのは、西国の外様大名を中心とする六〇家以上の大名です。櫓や門などの建築は幕府が担当し、西国大名たちは石垣と堀の築造を担当しました。

江戸時代の大名は、将軍に従属する証として、軍事的奉仕を意味する軍役を負担しました。すなわち、経済力（石高）に見合った規模の軍備を普段から整えておき、戦時には幕府の動員に従って軍事力を提供しました。また、幕府の城郭普請や河川改修の手伝いなども、平時における軍役として意識されました。大坂城普請への参加は、大名に多大な経済的負担を強いるものでしたが、動員された大名は軍役の義務を果たすため、積極的にこれに応じなくてはなりませんでした。江戸城や名古屋城・丹波篠山城なども、御手伝普請によって築造されました。

石垣普請を担当する大名たちは、「〇〇家はどこそこの石垣を〇間」というように、丁場（分担地区）が割り当てられました。担当する石垣の長さは、大名の経済力に応じて定められました。多くの場合、一つの丁場を複数の大名が共同で担当しました。石垣用石材の調達と運搬も、丁場を担当する大名が個別に行いました。

徳川期大坂城の石垣には、やや粗いですが、規格化された石材が大量に使用されました。石垣の構築技術は、江戸時代初期に急速に発展し、反りのある高石垣が築かれるようになります。この高石垣の強度を安定させるためには、豊臣期大坂城のように自然石を積み上げるのではなく、なるべく整形・規格化された石材を使用する必要がありました。石垣と石垣が交わる角の部分は直方体状の切石（角石）で組まれ、それ以外の大半の石垣は、表面を平らに整形した築石（平石）が、ほぼ隙間なく積み上げられました。これらの石材は、自然石を人工的に割って加工したものです。

それにしても、大坂城の石垣に使用された石材は、一〇〇万個を優に越えると推測されます。これらの大量の石材は、いったいどこから調達されたのでしょうか。

写真 3-6　蛸石（大坂城　桜門枡形）

大坂城石垣の石材は、東は笠置（京都府笠置町）や生駒山西麓（大阪平野東端）、西は九州の沓尾（福岡県行橋市）・谷口（佐賀県唐津市）を範囲とする、西日本の各地から調達されました。おもに瀬戸内海の島嶼と東六甲山系（表六甲）の山麓部から採石され、大坂まで船で運ばれました。

瀬戸内海の島嶼は、小豆島（香川県小豆島町）・塩飽諸島（香川県丸亀市・坂出市）・前島（岡山県瀬戸内市）などです。大坂城最大の石材として有名な蛸石は、犬島（岡山県岡山市）から採石されました。推定重量は一三〇トン。表面面積が畳三六枚分もありますが、奥行きは意外なほど短く、張りぼてのような「巨石」です。幕府の権威を示すため、主郭部正門に当たる桜門枡形に据えられました。

東六甲山系は、現在の神戸市東灘区御影・芦屋市・西宮市にまたが

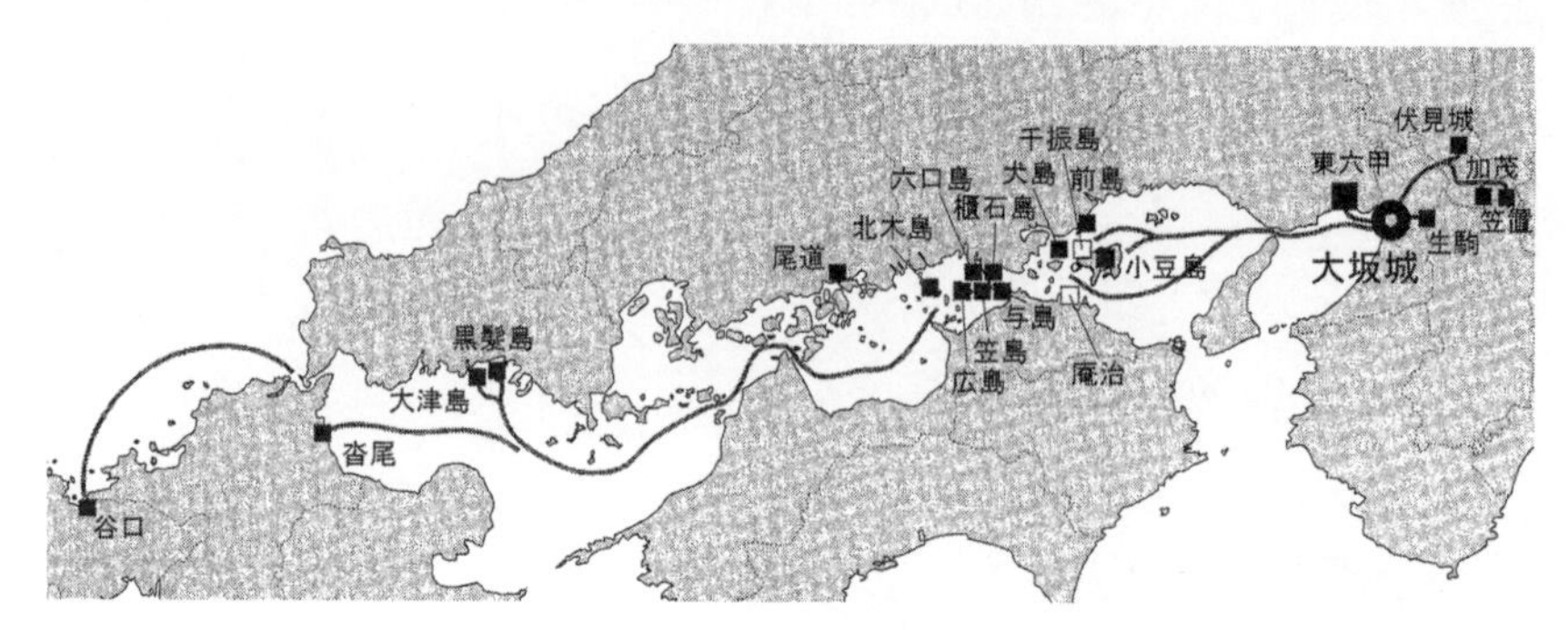


図 3-4　徳川期大坂城築造に関わる石切丁場
（『ヒストリア別冊　大坂城再築と東六甲の石切丁場』より転載）

図 3-5　徳川大坂城東六甲採石場（刻印群）の分布
［森岡秀人「大坂城再築と東六甲石切場」（同上所収）より転載］

る、六甲山の東側に連なる地域です。大坂城の石垣用石材の半数近くが、同地域から調達されたものと推測されています。石材の大半は六甲花崗岩の築石です。六甲山系では、古代より花崗岩が多く採取され、古墳の石室や寺院の礎石・石造物などに利用されてきました。とくに御影地域が産地として著名であることから、一般に花崗岩の石材は御影石と呼ばれています。

現在、東六甲山系では、大坂城の普請に関わる石切丁場（採石場）の跡が複数確認されています。これらの遺構は「徳川大坂城東六甲採石場」と総称されています。

東六甲採石場は、西から住吉川刻印群・城山刻印群・奥山刻印群・岩ヶ平刻印群・越木岩刻印群・北山刻印群・甲山刻印群、の七群に区分されます。このうち、もっとも東に位置するのが甲山刻印群です。甲山公園内にある石材群は、甲山刻印群の一部になります。なお、石切丁場跡を刻印群と呼称するのは、もともと刻印石（後述）が遺構の指標として注目されてきたからです。調査の進展とともに刻印石以外の石材が次々に確認され、石切丁場跡であることが判明しました。

## 甲山刻印群

甲山刻印群は、甲山の南から東にかけての地域を範囲とし、半分ほどが甲山公園と重なります。石材群の分布から、同刻印群はA地区からG地区までに区分されます。冒頭で触れた甲山公園内の展望台付近にある石材群は、E地区に相当します。以下、E地区を中心に説明します。

E地区には、南北方向に伸びる尾根の稜線上に石材群が分布します。展望台のある尾根頂部を中心とする地区（北群）と、その南に続く尾根頂部を中心とする地区（南群）に、石材が集中しています。E地区では八七個の

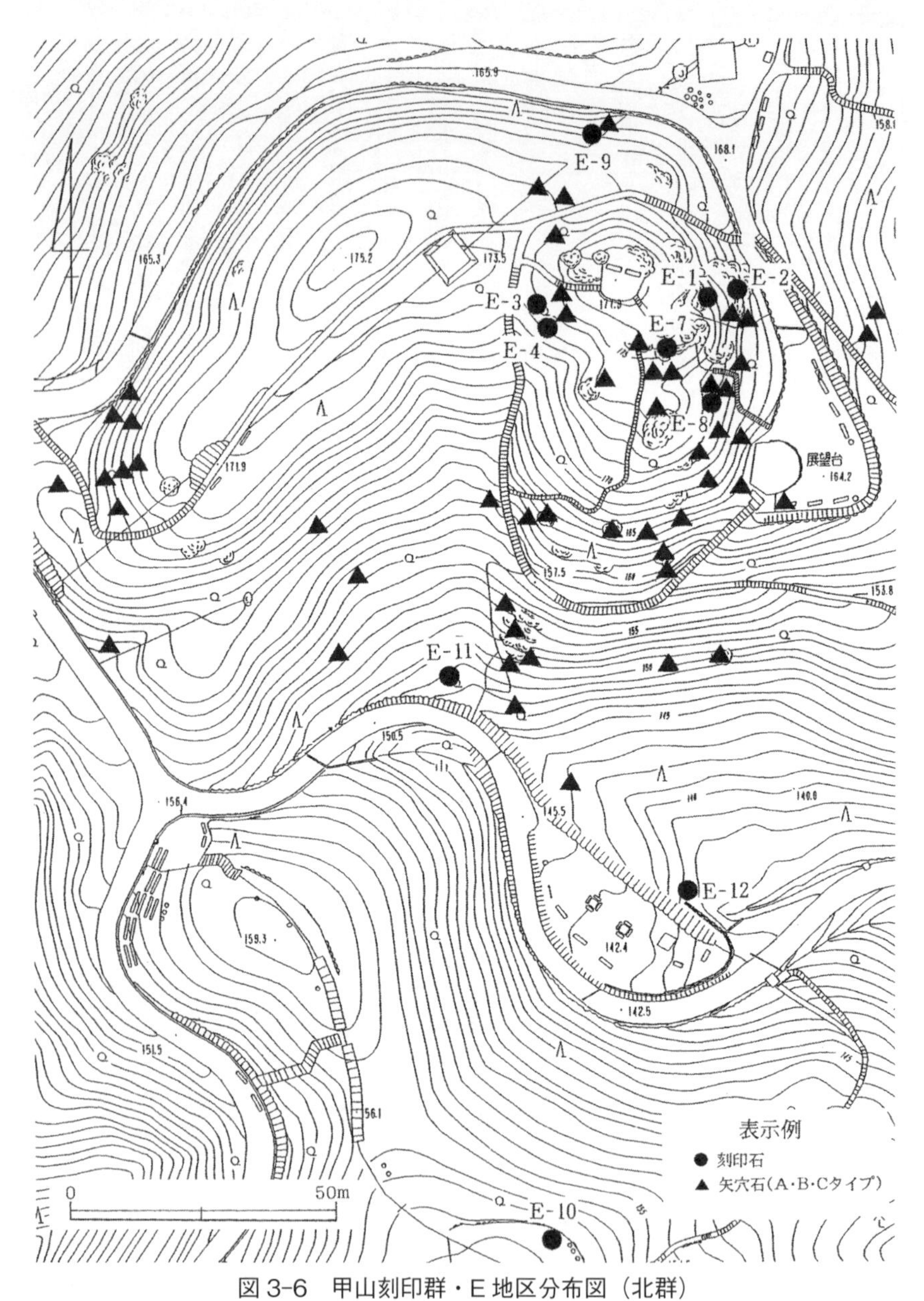


図 3-6 甲山刻印群・E 地区分布図（北群）
（関西学院大学考古学研究会「徳川大坂城東六甲採石場甲山刻印群 E 地区調査報告」より転載）

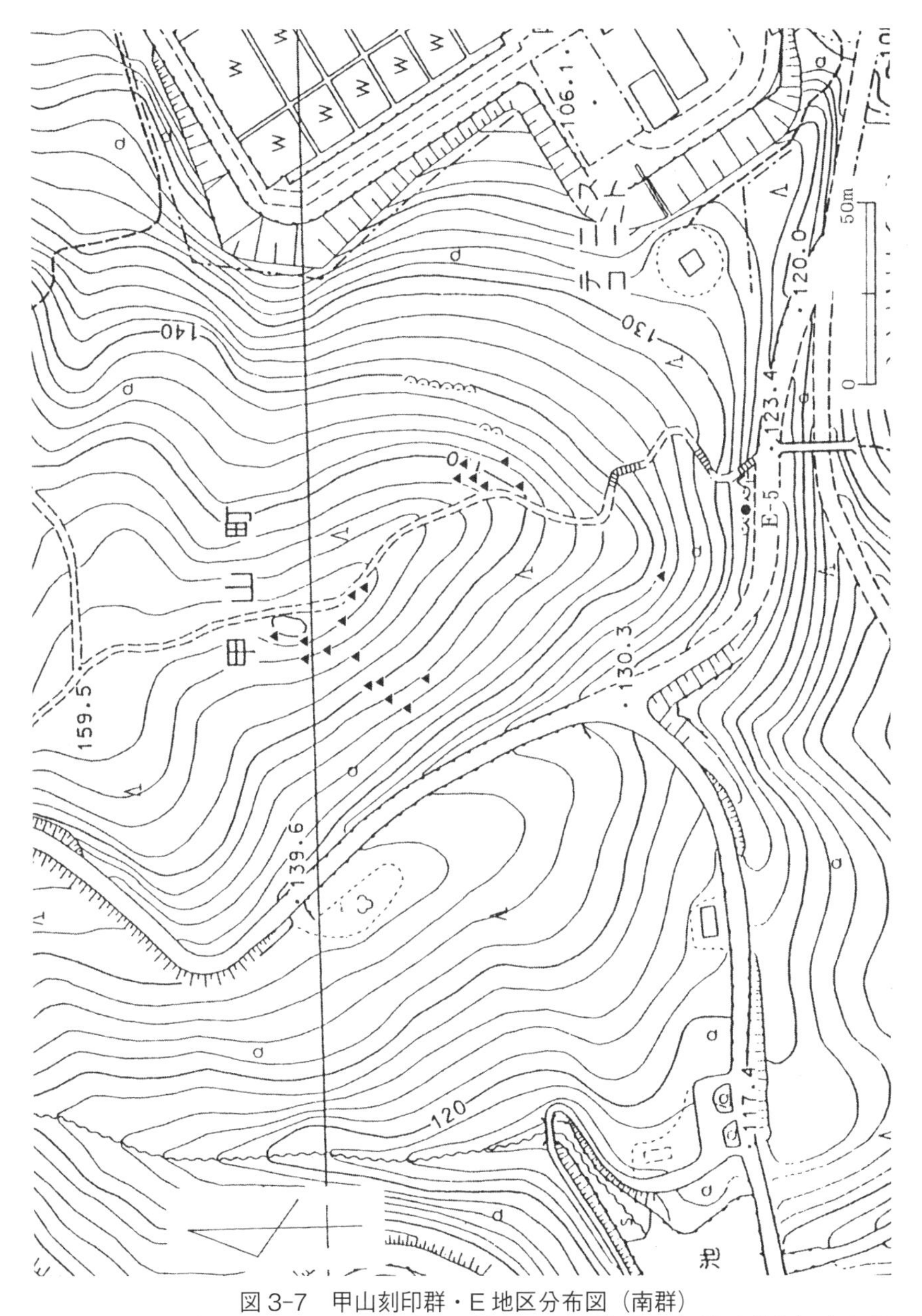


図 3-7　甲山刻印群・E 地区分布図（南群）
（関西学院大学考古学研究会「徳川大坂城東六甲採石場甲山刻印群 E 地区調査報告」より転載）

写真 3–7　刻印石（大坂城　本丸帯曲輪）

石材が確認され、その大半は徳川期大坂城の石垣用に採石されたとみられます。ただし、徳川期大坂城の完成以降も、一部で採石活動が行われたようです。

刻印のある刻印石は一二個あります。刻印とは、石材の表面に刻まれた記号（マーク）のことです。刻印石は、大坂城や江戸城・名古屋城・金沢城・篠山城など、多くの近世城郭の石垣に見られます。大坂城石垣の刻印石は推定五、六万個、約二、〇〇〇種類の刻印が確認されています。これらの刻印は、大坂城の御手伝普請に参加した大名たちが刻ませました。石垣積みの丁場では、普請の担当範囲を明示するため、丁場と丁場の境界に当たる石垣に、双方の刻印石が使用されました。石切丁場では、丁場と丁場の境界を示す牓示（ぼうじ）としたり、石材の所有権を示すために、母岩（ぼがん）や石材に刻印がなされたと考えられます。

甲山刻印群E地区の刻印は、「⊠」と「⊡」の二種類が確認されています。刻印「⊠」は一〇個が確認され、E地区の採石を担当した大名のものと推測されます。

問題はこれがどの大名の刻印なのかですが、関西学院大学考古学研究会の努力により、肥前（ひぜん）佐賀藩鍋島家（なべしま）（当主は勝茂（かつしげ））が使用したものであることが確定されました。すなわち、E地区は鍋島家の石切丁場であり、鍋島家はここから採取した石材を用いて、大坂城石垣の担当部分を構築しました。大坂城普請において鍋島家は、天守台石垣や南外濠（そとぼり）東南角付近の石垣などを、他家と共同で構築しました。玉造口（たまつくりぐち）桝形の石垣は鍋島家が単独で担当したようです。

甲山刻印群では、鍋島家以外の刻印も確認され、複数の大名がこの地域を石切丁場として利用したことが予想されます。東六甲採石場を利用した大名は、少なくとも二〇家前後と推測されます。

なお、現在の大坂城山里曲輪（やまざとくるわ）（本丸の北側）の一角に、大坂城の刻印石を集めた刻印石広場があります。大阪市内から出土した刻印石や、石垣の修復で取り外された刻印石などが展示されています。様々な意匠の刻印を、ここでは間近に観察することができます。

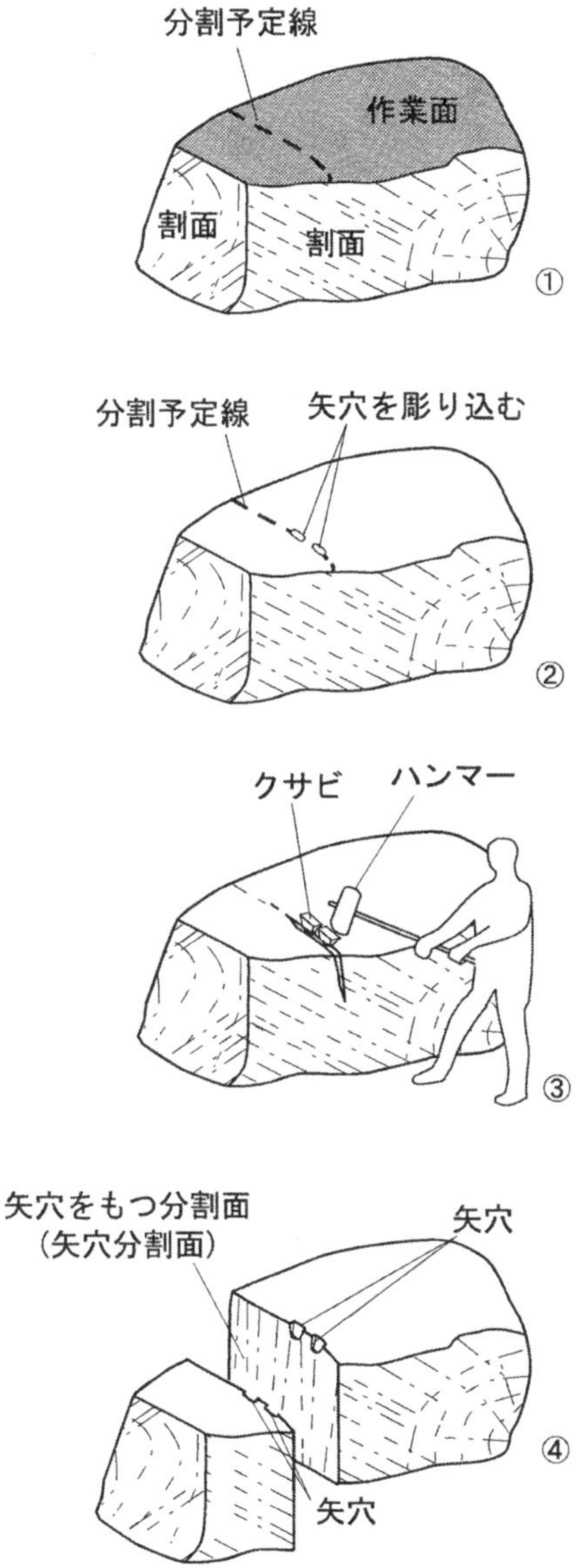

図 3-8　矢穴を用いた石材分割模式図
［北原治「矢穴考 1 ―観音寺城技法の提唱について―」（滋賀県文化財保護協会『紀要』第 21 号　2008 年）より転載］

写真 3-11　割付線

写真 3-8　展望台裏手の風景

写真 3-9　準調整石（手前は端石）

写真 3-12　割石（割取に失敗ヵ）

写真 3-10　刻印（上掲の準調整石）

写真 3-16　割石（二つとも）

写真 3-13　矢穴列

写真 3-17　準調整石（中央は端石）

写真 3-14　矢穴痕

写真 3-18　調整石（角石用）

写真 3-15　準調整石（中央と下段）

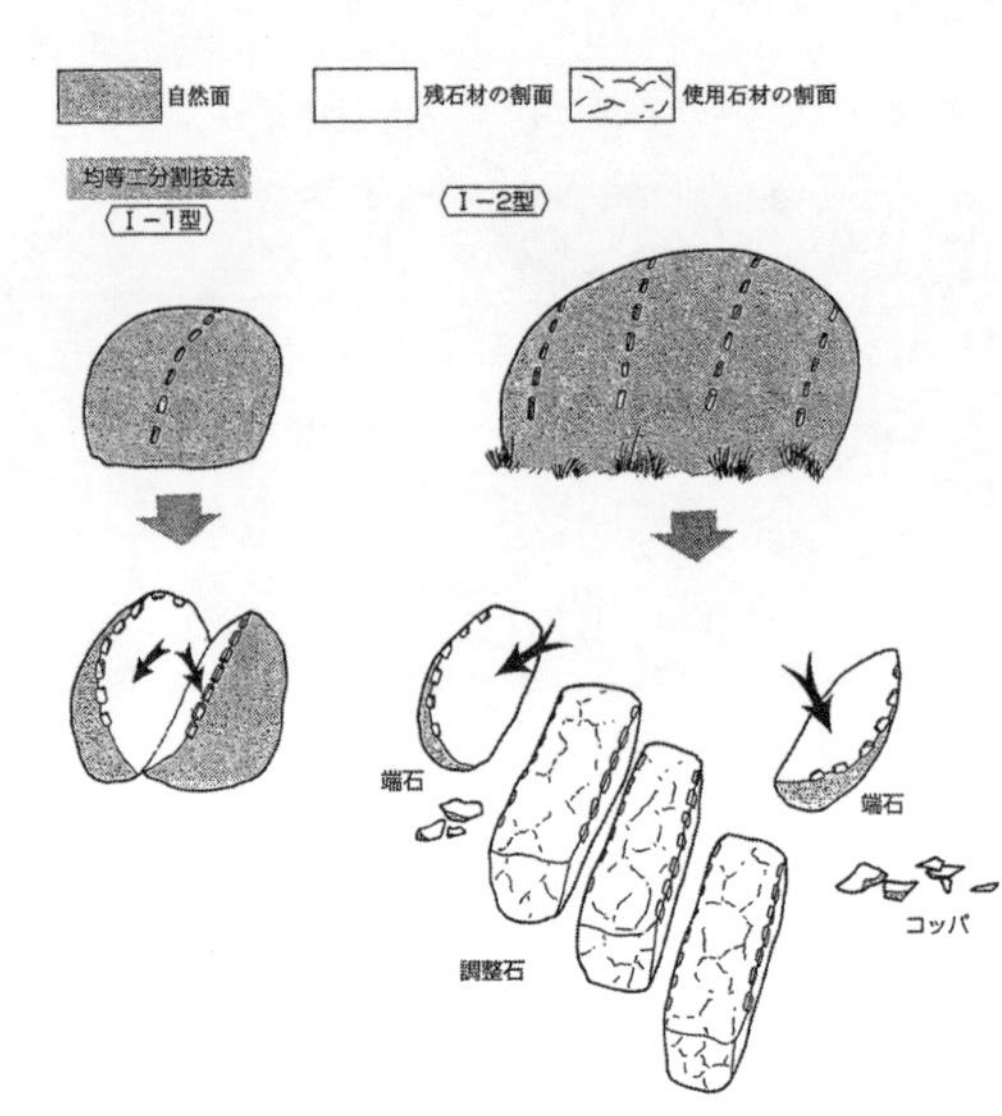


図 3-9　石材割り取りの一例
（『徳川大坂城東六甲採石場Ⅳ　岩ヶ平石切丁場跡』より転載）

次に、石垣用石材の採石について説明します。まず、石材を取り出すのに適当な岩（母岩）を選定します。甲山刻印群では、尾根の稜線部や斜面に露頭した岩石、地表近くに埋没した岩石などが、母岩として利用されました。すべて六甲花崗岩です。巨大な岩盤から石材を切り出すのではなく、単体の転石（岩盤を離れて転在する自然石）から石材を割り取りました。

採石作業は以下の手順で行われました。

①母岩の分割予定面に沿って割付線を浅く彫る。

②矢（鉄製の楔）を打ち込むための矢穴を割付線に沿って穿つ。

③矢穴列に矢を打ち込む。矢を打ち込まれた岩は矢穴列に沿って割れ、石材が得られる。

④割り取った石材の大きさや形をある程度まで整える。

こうして得られた石材は、おそらく川筋を利用して石切丁場から海岸まで運ばれ、そこから石船に搭載されて大坂へ搬出されました。

甲山刻印群から積出地までの石材の運搬は、付近を流れる東川（御手洗川）の利用が想定されます。東川は水量が少なく、石材を搭載した船の通行はおよそ無理なように思えます。しかしながら、川の流れを数ヶ所で堰き止めて水を溜め、船が浮かぶと堰を切り、水の勢いで船を順送りに下流へ進める方法ならば、十分可能であることが指摘されています。パナマ運河の方式と同じです。石材の積出地は不明ですが、搬出路に東川が利用されたとすると、東川の河口部にある今津が有力な候補地になるでしょう。

石切丁場であった現地には大量の割石が残されました。割石とは、矢穴によって割られた石材の総称です。矢穴の痕がある石はすべて割石に区分されます。完成品の石材である調整石をはじめ、石材として加工中の準調整石、石材を割り取られた残りの母岩、加工中の石材から不要部分として割り取られた端石などです。丁場跡では調整石も確認されますが、基本的に調整石は大坂城へ運ばれてしまうため、現地にはあまり残っていません。

甲山刻印群の石材関連の石も、その大半が割石です。甲山公園を散歩すると、遊歩道沿いに岩石をよく見かけます。ただの自然石として見過ごさずに、少し観察してみてください。大きな岩石に人工的な垂直面があったり、大きくえぐれていたら、割石の可能性があります。たいていは岩石のどこかに矢穴の痕跡（矢穴痕）が見られます。

E地区では、割付線や矢穴を穿たれただけの母岩から完全な調整石まで、様々な作業段階の石材を手軽に観察することができます。散歩がてら現地へ足を運び、歴史の痕跡を探してみてはいかがでしょうか。

### 越木岩神社の刻印石

上ケ原台地の西方、夙川上流の台地上に、越木岩神社があります（西宮市甑岩町）。兵庫県の天然記念物に指定される、緑豊かな社叢に囲まれた神社です。

この神社のご神体は、高さ約一〇メートル、周囲約三〇メートルの巨岩「甑岩」です。米を蒸す甑の形に似ていることから、甑岩と称されるようになったそうです。巨岩をご神体とする例は昔から日本各地で見られますが、甑岩の特色は、大坂城石垣用の石材がこの岩から採取されていることです。甑岩をよく観察すると、石材を割り取られた跡や刻印・矢穴列・矢穴痕などが、随所に見出されます。刻印は備中（びっちゅう）松山藩池田家（当主は長幸（ながよし））の家紋です。

また神社の本殿の脇には、二点の調整石（刻印石）が保存されています。境内から出土した調整石と、甲山公園から移設された調整石です。前者には池田家の刻印、後者には鍋島家の刻印が見られます。

越木岩神社の境内には、甑岩・調整石のほかに、矢穴石や割石が合計三八点、散在しています。神社の境内および周辺地域は、徳川大坂城東六甲採石場の一つである越木岩刻印群に区分されます。神社のすぐ西には、採石に関わる地名と思われる角石（すみいし）町があります。

西宮地域に伝わる民話の一つに、この甑岩にまつわる「こしき岩の怒り」があります。以下に掲げます（生駒幸子・森田雅也編著『西宮のむかし話　児童文学から文学へ』所収）。

夙川は昔から美しい川でした。澄んだ水の流れに、川底の白い砂がキラキラと輝いていました。

この川は「こしき岩」のあたりから流れ出ていると言われ、人々はこしき岩を神様の岩として大切にしてきました。そこから沸き出でる夙川は、なおさら美しいものとして大切にしてきたのです。今でも、岩のそばからは美しい湧き水が出ています。

「こしき岩」とは、「越木岩」という字も使われますが、「こしき（甑）」に似ているので「甑岩（こしきいわ）」と言われているそうです。

写真 3-19　越木岩神社の社叢

写真 3-20　保存された刻印石（左と右上）

写真 3-21　境内の矢穴石

写真 3-22　甑岩（側面）

写真 3-23　甑岩（刻印）

写真 3-24　甑岩（背面）

「甑」とは、酒造りのお米を蒸したり、麻布の材料にする麻の茎を蒸したりする道具のことです。一度にたくさん蒸すので、蒸気を吹き出します。

「甑岩」はそのような形をした、とても大きな岩です。高さが十二メートル、まわりは大人が手をつないで三十人分もあるのです。山にどっかりと腰を据え、天に向かってそびえ立つ、巨大な岩です。そのあたりには、この岩を守るかのように古い木が生い茂り、昼間でもうす暗いのです。人々は昔から神さまの岩として畏れ、大切にしてきたのでした。

さて、今から四百年ほど前、大阪城の石垣を築く工事が始まったころのことです。

日本じゅうの殿様が家来に命じて、あちらこちらの山を探させ、大きな石を見つけては、大阪へ運んで行きました。ある殿様が、このこしき岩に目をつけました。

「あんな大きな石なら、城の石垣にすればさぞ見事なものであろう。ぜひ持って行って、手柄にしたいものだ。さっそく切り出せ。」

その話を聞いた越木岩の村人たちは、心配しました。

「この岩は昔から白い竜が住みついている神様の岩です。これを割って、ここから運び出すようなことをすれば、どんな祟りがあるやもしれません。おねがいですから、おやめください。」

村の長老たちは必死になって役人に頼みました。けれども、役人たちはこの申し出に耳を貸そうとはしません。「殿様の言いつけだ。」と、大勢の石切職人を連れてきて、この大岩を切り出す作業にかかりました。

一斉に打ちおろす槌(つち)の音とともに、のみが岩に食い込みました。カーン、カーンと響く音は山々にこだましました。怖ろしげに見守る村人たちの耳に、その音は山鳴りのように不気味に響くのでした。

「これは大変なことになる……。必ず祟りがあるぞ！」

村人は大声で叫びましたが、石切職人たちの耳には届きません。のみを打つたびに火花が散ります。それがだんだん激しくなり、そのうちに岩の裂け目から白い煙がふき出し始めました。怖ろしいことが起こるにちがいないと思う間もなく、その煙が白色から黄色へ、そして赤に、それから青、黒へと変わり、それらが入り混じって、ものすごい勢いで音を立てて吹き出しました。その熱気はふしぎな力をもっているのか、石切職人は手足をふるわせ、苦しみもだえだし、斜面を転がり落ちました。そして、彼らは皆息絶えてしまったのです。

そのようすを見た役人たちも、さすがに震え上がり、命からがら逃げ出しました。

こんなことがあって、こしき岩はいっそう人々から大切に思われるようになりました。現在でも、大岩にはその時に打ち込まれたのみのあとが一列に残っています。

甑岩とその周辺で石垣用石材が割り取られた事実が、このような民話の形で人々の間に記憶されたのでしょう。城郭の石垣には、しばしば石塔（せきとう）や石仏（せきぶつ）・礎石などが転用されました。たとえば、郡山城（こおりやま）（現奈良県大和郡山市）の天守台石垣には石に彫られた地蔵、福知山城（ふくちやま）（現京都府福知山市）の天守台石垣には石塔（五輪塔（ごりんとう）や宝篋印塔（ほうきょういん））の一部が組み込まれています。ご神体として祀（まつ）られていた甑岩から石材を割り取ることも、決して特異な行為ではなかったと思います。甑岩がすべて解体されなかった理由については、よくわかりません。やはり祟りがあったのでしょうか。

## 岩ヶ平刻印群

西宮市の西隣の芦屋市岩園町・六麓荘町付近には、岩ヶ平刻印群があります。岩ヶ平刻印群では、若狭小浜藩京極家・肥前唐津藩寺澤家・肥後熊本藩加藤家など、六家以上の大名が採石活動を行いました。

二〇〇四年、岩園町において、大規模宅地造成工事にともなう遺跡の発掘調査が行われ、徳川期大坂城の普請に関係する石切丁場跡が検出されました。岩ヶ平石切丁場跡です。調査地は、平野部を見下ろす岩ヶ平台地の東側縁辺部の傾斜地に位置し、全体的に谷地形になっていました。周辺には、古墳時代後期の群集墳である八十塚古墳群があります。

遺跡からは、各作業段階を示す石材のほか、石材の加工を行った作業場や、調整石を平地へ送り出す搬出路なども発掘されました。出土した石材の大半は、採石や加工で不要となった端石や石屑（コッパ）でした。調整石が効率よく搬出されたことがわかります。刻印石も出土しました。その中には、鳥が羽を伸ばしたような意匠のものがありました。通称「雁」刻印です。どの大名の刻印なのでしょうか。

岩ヶ平刻印群では、地上に露出する岩石よりも、地中の土石流堆積物に含まれる岩石が、石垣用石材として利用されました。岩ヶ平・六麓荘台地の傾斜地や段丘面には、風化して山頂付近から崩落した六甲花崗岩の亜角礫（丸みを帯びた石。大きいものは直径数メートルある）が堆積しています。これらの単体の礫のうち、地表近くに埋没した寸法の大きい礫を掘り出したようです。

岩ヶ平石切丁場跡は、当時の丁場の実態を示す貴重な遺跡でした。そのため、市民団体や歴史学会などによる保存運動が行われましたが、結局、発掘調査ののちに破壊されてしまいました。

遺跡発掘のニュースは新聞などによく取り上げられますが、実際にはその大半が発掘調査のあとで破壊されま

写真 3-25　岩ヶ平石切丁場跡

写真 3-26　発掘された石材（同上）

写真 3-27　通称「雁」刻印（同上）

写真 3-28　割石（丁場跡周辺）

写真 3-29　割石（同上）

写真 3-30　転用石（六麓荘町）

す。そもそも遺跡は、住宅地や道路などの開発工事にさいして発見されることが多いです。発見されると発掘調査が行われますが、たいていの場合は遺跡の内容を記録に残す記録調査に止まり、調査が終わると遺跡は破壊される運命にあります。破壊を免れ、文化遺産として大切に保存される遺跡は、ほんの一握りにすぎません。

岩ヶ平石切丁場跡の周辺では、採石関連の石材を確認することができます。丁場跡に近接する緑地には、石材を割り取った跡が明瞭な割石が見られます。また、岩園町の北隣りにある六麓荘町（高級住宅地として有名）では、生垣（いけがき）の土台部分の石垣などに転用された矢穴石や刻印石が散見されます。

# 第四章　上ケ原台地の開発

## 上ケ原新田村の誕生

関西学院の西宮上ケ原キャンパスと西宮聖和キャンパスは、平野部より一段高い高台の上に立地しています。両キャンパスに行くには、阪急電鉄今津線の甲東園駅や門戸厄神駅の西側にある急坂を、やや苦労して上らなくてはなりません。坂を上りきると、関西学院・神戸女学院・その他の学校や住宅・商店などが立ち並ぶ平地が広がっています。このまとまった広さをもつ高台を上ケ原台地といいます。

現在、上ケ原台地の大半は市街地化していますが、上ケ原二番町や六番町のあたりには、所々にまだ田畑が見られます。これらの田畑は、江戸時代に開発された上ケ原新田の名残です。

次頁の航空写真をご覧ください。敗戦直後の昭和二十三年（一九四八）に米軍が撮影した、上ケ原付近の航空写真です。米軍は占領下の日本列島を航空機によって写真撮影し、日本の国土に関する基本的情報を把握しました。現在では、戦後の開発で急速に失われた景観の記録として、学問的に役立てられています。この写真を見ると、かつて上ケ原台地には田畑がたくさんあったことがわかります。写真の左上に「Ｃ」の形に見えるのが神戸

写真 4-1　敗戦直後の上ケ原
（1948 年米軍撮影　国土地理院所蔵）

写真 4-2　定方塊石「学院移転前の上ケ原風景」
（1927 年　関西学院大学学院史編纂室提供）

写真 4-3　関西学院移転前の校地
（関西学院大学学院史編纂室提供）

市水道局上ケ原浄水場の緩速濾過池、その右手にあるのが関西学院です。写真の右下には、神戸女学院や聖和女子学院（現関西学院大学教育学部）が見えます。このあたりは上ケ原台地の縁辺部に相当し、別して岡田山といいます。

関西学院は昭和四年（一九二九）、神戸・原田の森（現神戸市灘区、王子公園）から上ケ原に移転してきました。写真4―2は関学移転前の上ケ原を東側から描いた絵画、写真4―3は同じころの上ケ原（関学建設予定地）を西側から撮影した古写真です。東側へ向かって棚田状に広がる田地、茅葺き屋根の民家、溜池などが見られます。関学移転前の上ケ原は、一面に田畑が広がる農村風景が展開していました。

江戸時代に入るまで、上ケ原はながらく芝野（低木の生えた草地）や荒れ地だったようです。第一章で触れたように、上ケ原では、弥生時代の遺跡や古墳などが台地の縁辺部において確認されます。けれども、人々の定住生活を示す集落や耕地の遺構は、今のところ発見されていません（縁辺部に弥生集落が存した可能性はあり）。奈良時代から戦国時代にかけての様子も不明です。このことは、上ケ原台地が耕作におよそ不向きな土地であったことを示唆します。おそらく、安定した農業を営むために必要な水が得られなかったのでしょう。そのため、村落や耕地は上ケ原台地を下った平野部に営まれ、上ケ原は周辺村落の採草地として利用されるにすぎませんでした。上ケ原という名称も、麓の村々から見て、台地の上の平原であることから名付けられたのだと思います。

このように上ケ原は、人々が定住生活を営むための条件に乏しい地域でした。ところが江戸時代前期の承応元年（一六五二）ころ、大坂西成郡佃村の孫右衛門・九左衛門らによる開発がなされ、同地は豊かな水田の広がる農村へと生まれ変わりました。上ケ原新田村の誕生です。

次に掲げる正徳二年（一七一二）二月「摂州武庫郡上ケ原新田開発明細帳」は、上ケ原の開発の経緯を示す史料です［部分。読み下し文に改める。史料の主要部は、渡邊久雄『甲東村（社会科郷土研究の一例）』（一九四八年版）に掲載］。

一、反別合せて五拾五町一反九畝四歩

摂州武庫郡上ケ原新田（略）

右新田の儀は、私共先祖孫右衛門等、先年青山大膳亮様尼ケ崎御城主の節、御立ち入り仕り候うところ、慶安年中洪水にて、神崎川堤尼ケ崎御領地へ切り込み候うに付き、水留め普請新たに仰せ付け候うところ、右両人の者出情に付き、御褒美として甲山の麓広田村の上手、平山開発の儀、新たに仰せ付けをなす、則ち山入り仕り、土地見立て、水掛りとの儀相考え候え共、何分用水掛りこれなき場所に御座候うところ、色々考え、甲山東北に当たり、仁川筋高さ四間余り、幅六間余りに、一尺六・七寸の角を以て堰堤を構え、夫より当新田迄十七・八町余り、所々に大石これあり候うところ、切り刻み、或いは右井溝石垣築き上げ、伏樋仕り、漸く用水出来上がり申し候うに付き、土地平均仕り、承応元年開発仕り候、（略）

正徳二辰年二月

上ケ原新田

地主　孫右衛門

九左衛門

すなわち、慶安年中（一六四八―五二）に洪水が発生し、神崎川の堤防が尼崎領内へ切れ込んだ（決壊した）ので、堤防の修復工事が、尼崎藩（当主は青山幸利）より佃村孫右衛門と九左衛門に命じられました。両人は一生懸命にこれに取り組み、その仕事ぶりを評価した尼崎藩から褒美として、甲山の麓、広田村の上手にある「平山」の開発が許可されました。この「平山」は上ケ原台地のことでしょう。

上ケ原の開発には、農業生産に不可欠な水をまず確保する必要がありました。上ケ原台地のすぐ北側を仁川が流れています。この仁川の水を上ケ原に引き入れ、農業用水として利用することができれば、話は非常に早いです。しかし、上ケ原台地付近の仁川は台地よりも低い位置を流れているので、ここから仁川の水を上ケ原へ直接引き込むことは諦めざるをえませんでした。そこで仁川を二キロメートルほど遡り、上ケ原台地とほぼ同じ標高の地点から水を取り込み、用水路を介して上ケ原まで導きました。この用水路を上ケ原用水といいます。上ケ原用水の開削により水の問題は解消され、上ケ原の開発が可能になりました。

写真 4-4　上ケ原の水田風景

また、田畑を開墾して維持していくには、現地に居住し、農業に従事する住人の存在が必要です。そこで開拓地の住人となるべき人々が集められ、上ケ原の地に、彼らの生活の拠点となる村が開かれました。

この新たな村の住人は、上ケ原台地周辺の村々を出身とする、おそらくは農家の次男・三男たちであったと思われます。彼らの出身村を直接示す史料は見出されませんが、所属する檀那寺の分布から、上ケ原台地周辺の神呪村（神尾村とも称す）・門戸村・上大市村・広田村・津門村（以上、現西宮市）・鹿塩村（現宝塚市）などから移住してきたことがわかります。江戸時代の民衆は、家ごとに所属する寺院（檀那寺）が決められていました。

こうして承応元年（一六五二）ころに、上ケ原新田村が誕生しました。村の規模は、時期によって増減がありますが、おおよそ家五〇軒、住人二五〇人、田畑五五町（大半が田地）、村高四八〇石です。上ケ原新田村は、越木岩新田・鷲林寺新田とともに、社家郷（西宮町・広田村・中村・越水村）の枝郷（新しく分立した村）として位置づけられました。

村の中心は、現在の関西学院の南西に位置する山手町の一帯です。この地区には昔からの住民の家屋が集まっており、村の鎮守である八幡神社も鎮座しています。戦前に発行された地図や地誌には、山手町のあたりは「ケ市」「箇市」と表記されています。「かいち」と読み、小集落を意味する「垣内」（かいと・かいち）と同義であると考えられます。すなわち、現在の山手町のあたりは、上ケ原新田村の住人が居住する集落でした。

写真 4-5　八幡神社（上ケ原）

村の鎮守である八幡神社は、社伝によると、寛文三年（一六六三）、上ケ原台地を南に下ったところにある広田社から、祭神の一つである応神天皇を分祀して成立しました。二の鳥居には寛文十三年（一六七三）の銘が刻まれています。八幡神社は村の領域全体を見下ろす位置にあり、二の鳥居のすぐ前を上ケ原用水が流れています。村の中心にふさわしい立地です。

八幡神社前に広がる村の田畑は、一番割から十二番割まで、比較的均等な面積に地割（区分け）されました。現在、上ケ原の各町は、一番町・二番町といった番号に基づく町名で表示されています。この町名は江戸時代の地割に由来します（ただし、江戸時代の地割と現在の町の範囲は必ずしも一致しません）。地割の番号は、上ケ原用水から取水する順番であったと考えられます。後述する分水樋にもっとも近い位置に一番割（現一番町）がありました。

上ケ原の田畑を潤す重要な役割を果たしたのが上ケ原用水です。用水路は仁川上流の取水口から始まり、仁川渓谷に沿って東南方向に流れ、上ケ原に達します。そして山手町に沿って南流し、上ケ原台地を下って東川（御手洗川）に流れ込みます。その間、流れを東側へいくつも分岐させて、台地上の田畑を潤します。上ケ原台地は西から東へ向かって緩く傾斜しています。この傾斜を上手く利用して、台地の高所に用水路の本流を通し、そこから流れを分岐させて、低い位置へ水を流す仕組みです。

また村人の生活には、山林や草地などの採草地が不可欠でした。一般に、村落周辺の低い山や草地は芝野・草山などと称され、村人の日常生活に必要な薪や、田畑の肥料（刈敷・堆肥など）となる草木、牛馬の飼料などの供給地として利用されました。上ケ原新田村の人々は、社家郷の持ち山に入り、柴草を苅り取ったり牛馬の餌場としました。

写真 4-6　八幡神社前を通る上ケ原用水

甲山一帯は、周辺村落が共同で利用する採草地でした。おおむね、甲山より西側の一帯は社家郷の持ち山、甲山とその東側は大市五ヶ村（上大市村・下大市村・段上村・門戸村・神呪村）の持ち山でした。甲山は享保十年（一七二五）、争論を経て神呪村の持ち山になりますが、上大市村以下四ヶ村が利用する権利（用益権）も認められました。

現在の甲山とその周辺は、緑豊かな木立に覆われた森林地帯になっています。しかし採草地であった当時は、木立が少なく芝草の生い茂る、奈良

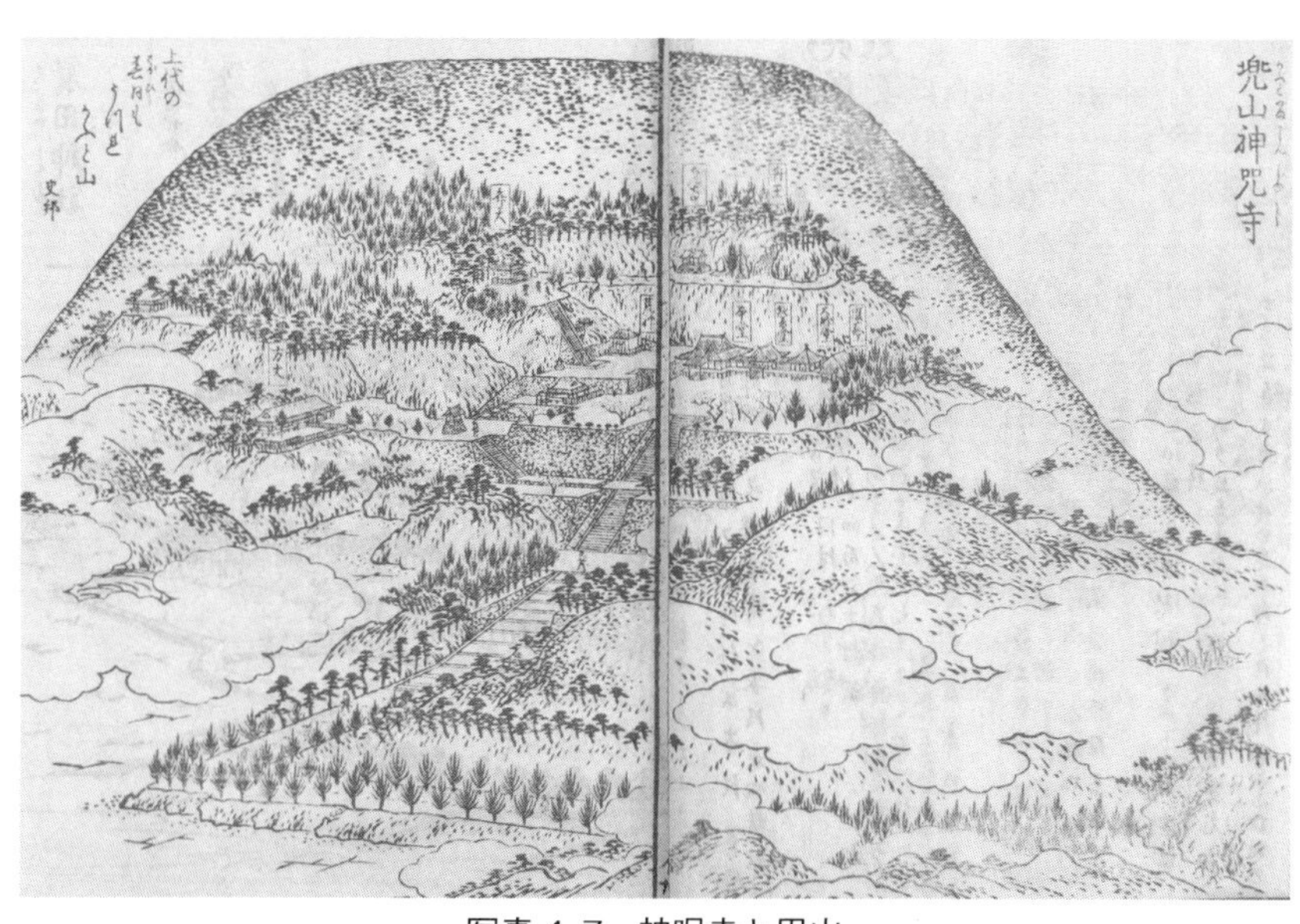


**写真 4-7　神呪寺と甲山**
（『摂津名所図会』　関西学院大学図書館所蔵）

の若草山のような景観を呈していたのかもしれません。試みに『摂津名所図会』［寛政八年（一七九六）刊］の挿絵「兜山神呪寺」をみると、神呪寺（甲山大師。甲山中腹に位置）の境内や参道を除き、木立がまばらな様子がうかがわれます。少なくとも甲山の麓は採草地として描かれていると思うのですが、いかがでしょうか。

村人の生活を支えてきた山林・草山ですが、電気や化石燃料・化学肥料が普及し、農業従事者も激減した現代社会においては、もはや無用の長物となってしまいました。しかしながら、近年では自然・生物の豊かな里山として、改めてその価値が注目されています。

ところで、上ケ原の開発を請け負った孫右衛門と九左衛門は、上ケ原新田村の地主になりました。いわゆる不在地主です。その活動内容は今のところよくわかりませんが、他の例から類推すると、所有地を小作人に耕作させて小作米を徴収し、これを転売することで、投資資金の回収と長期的利益の確保を図ったものと思われます。上ケ原新田村には村の組織があり、村役人（庄屋・年寄・百姓代）も置かれましたが、地主は村人に対して高圧的であり、なかば支配者として臨んでいます。おそらく上ケ原の土地の多くは地主が保有し、村人の過半は、自作地の所有権を持たない小作人だったのではないでしょうか。

## 上ケ原用水の開削

上ケ原用水は、仁川の水を上ケ原台地まで導水する灌漑施設です。阪急仁川駅から西へ仁川を遡ると、関学裏手の上ケ原浄水場あたりから急に谷が深まり、岩場の多い仁川渓谷になります。これをしばらく遡上したところに字大井滝（おいだき）があります。この大井滝の少し上流付近から、仁川の水の一部が上ケ原用水に取り入れられ、上ケ原台地へ流れていきます。

写真 4-8　大井滝
（金子直樹氏提供）

仁川の水は、上ケ原新田村の開設以前から、すでに上ケ原周辺の村々が農業用水として利用していました。まず上ケ原から見てかなり上流の湯ノ口から取水され、社家郷の村々が利用しました。つぎに湯ノ口の下流において取水されて、大市五ヶ村が利用しました。

このように仁川には、これを利用する村々の水利（すいり）権が設定されていました。誰もが自由に使える水ではなかったのです。仁川の水は周辺のどの村にとっても重要でした。そのため、上ケ原の開拓にあたっては、この限りある仁川の水の分配が問題になりました。

そこで、当地域の領主である尼崎藩主青山幸利の取り計らいにより、

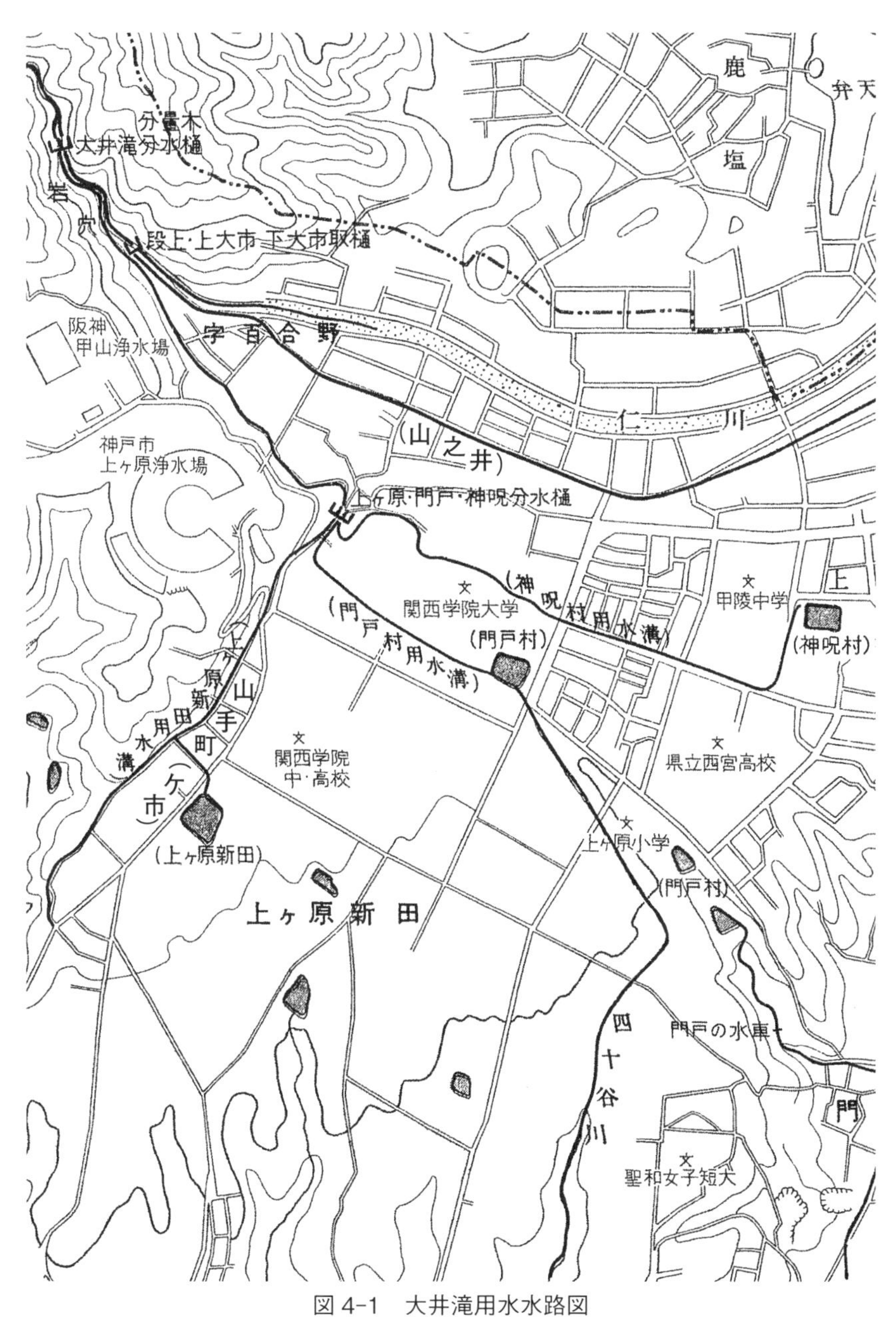


図 4-1　大井滝用水水路図
(『西宮市史』第二巻付図「大井滝用水水路図」の主要部を転載、一部加筆)

写真 4-9　用水路の石垣（大井滝付近）

写真 4-10　仁川渓谷を流れる上ケ原用水

社家郷は湯ノ口での取水量を減らして上ケ原新田村に水をまわし、社家郷の不足分は藩費で池を掘って補填することが決まりました。このとき新たに造られたのが、上ケ原台地を南に下ったところにある目神山大池（甲陽大池。現甲陽園本庄町）と岩ヶ谷池（新池。上池・下池の二つあり。現高座町）です。

　こうして水の分配の問題は解決し、上ケ原用水の開削が可能になりました。領主が村落間の利害調整を行い、上ケ原新田の開発を後押ししたことになります。新田開発は年貢収入の増加につながるため、江戸時代の領主（幕府・藩）は盛んにこれを推進しました。

　上ケ原用水の開削には多くの労力が必要とされました。仁川上流の取水口（大井滝堰）から上ケ原新田の入口まで、およそ二キロメートルあります。この間は仁川沿いの傾斜地に用水路を通すのですが、とくに大井滝堰から約八〇〇メートルの間は、急峻な岩山が川の両岸に迫る渓谷であり、用水路の開削はなかなかの難工事となりました。前掲「上ケ原新田開発明細帳」に「所々に大石これあり候うところ、切り刻み、或いは右井溝石垣築き上げ、伏樋仕り」とあるように、岩を割り、石垣を築き、伏樋（地下水路）を掘削するなどして、やっとのことで用水路を通したのでした。

　こうして上ケ原用水が開通し、仁川の水が上ケ原台地にもたらされました。人々は安心して田畑の耕作に従事したことでしょう。ところが、用水路の開通から間もない寛文二年（一六六二）、上ケ原新田村と大市五ヶ村との間で、仁川の水をめぐる争論が発生しました。争論では、上ケ原側は相手が過分の水を要求してきたとし、五ヶ村側は相手が水を分けてくれないと主張しました。

仁川の水には、社家郷から分けもらった上ケ原新田村の水と、大市五ヶ村の持ち山である五ケ山（ごかやま）から流れ出た五ヶ村の水とが混じり合っていました。これらは大井滝堰で分水され、上ケ原新田村の分は上ケ原用水に流入し、大市五ヶ村の分は堰の下流において、五ヶ村の用水路である山之井（やまのゆ）に取り込まれます。

上ケ原開拓のさい、上ケ原新田村と大市五ヶ村は仁川の利用について協定を結び、五ヶ村は従来通りの水量を取るとされましたが、分水の割合については何も規定されませんでした。この部分が今回、水論という形で問題化したものと考えられます。

写真 4-11　伏樋

やがて近隣の有力者の仲裁のもとで和談が成立しました。その内容は、大井滝堰に分量木を設置し、仁川の水の七割を上ケ原新田村へ、三割を大市五ヶ村（実質的には上大市・下大市・段上の三ヶ村）へ分水するというものです。分水比率が明確化されたことで、仁川をめぐる村落間の利害は一応調整され、ここに上ケ原新田村の水利権が確定しました。

明和五年（一七六八）、仁川の洪水により、大井滝付近の用水施設（堰、水路の石垣、岩場に渡した筧（かけい）など）が大破してしまいました。大井滝のあたりは水の勢いが強く、これまで何度も用水施設が破損しています。上ケ原新田村の人々は、破損するたびに修復してきましたが、そのために要した費用と労力

写真 4-12　岩壁を割る用水路

写真 4-13　同右（鑿跡が残る）

は、大変重たい負担となって彼らを苦しめました。

そこで上ケ原新田村の人々は、今回の破損を機に、おもに負担を減らす目的から、恒久的な水路の構築に取り組みました。すなわち、従来の堰の少し上流に新たな大井滝堰を築き、その脇にある岩山を七〇間（一二七メートル）にわたって掘り抜いて水路を通し、これを既存の用水路に接続させました。岩穴は、着工から三四年余りが経過した享和三年（一八〇三）に完成しました。

それでは、人々が心血を注いで整備した上ケ原用水を、上流に向かってたどってみましょう。

関西学院裏手の分水樋付近から地すべり資料館まで、上ケ原用水に沿って散歩道が続いています。この道を仁川との高低差を感じながら進むと、やがて地すべり資料館に至ります。このあたりは見晴らしがよく、上ケ原用水の下方には、仁川のすぐ側を流れる山之井が見えます。

地すべり資料館のある一帯は、一九九五年一月の阪神・淡路大震災で地すべりが発生した現場です。この地すべりによって三〇人以上の人命が失われ、用水路も破壊されました（第六章参照）。現在、地すべりを起こした斜面には防止処置が厳重に施され、用水路もきれいに復旧されました。ホタルが棲息できるように、水路の護岸には工夫が凝らされています。

地すべり資料館を過ぎると仁川渓谷に入ります。用水路は渓谷の急斜面に沿って、狭い山道と並行して流れます（写真4―10）。水の獲得にかける先人たちの思いが伝わってくるような場所ですが、現在、地すべり資料館から先へは、危険につき立ち入りが禁止されています。

用水路はやがて岩に突き当たり、伏樋になります（写真4―11）。そして再び地表に出ると、今度は岩壁にぶつかります。岩壁は縦に深く掘り込まれ、その掘り込みの底を用水が貫流します（写真4―12・13）。岩壁の外側（渓谷側）には、人が一人通れるだけの通路が設けられています。その外側は断崖です。

やや怖い思いをして岩壁を通過すると、広い岩場（岩山）に出ます。上ケ原用水はこの岩場を隧道（岩穴・トンネル）で突き抜けて流れていきます。岩場を過ぎると大井滝堰の取水口に至ります。大井滝付近には、岩と岩を繋いで用水路を通す石垣なども見られます（写真4―9）。

岩を穿った箇所には、今でも当時の鏨の跡が残っています。機械のない時代のことです。掘削作業は、一寸一寸、人の手で行われました。作業に従事したのは、専門の技術者に指導された上ケ原の農民たちでしょうか。あるいは、隧道の掘削を事とする掘抜職人や石工が雇用されたのかもしれません。工事は上ケ原新田村の負担（自普請）でなされました。

### 関学裏手の分水樋

関西学院の裏手に上ケ原用水の分水樋があります。分水樋とは、用水路の流れをいくつかに分ける堰のことです。上ケ原用水はここで、山手町に向かう上ケ原用水の本流と、門戸村・神呪村に向かう流れとに分かれます。

用水路の下流方向に向かって、右手の幅広い流れが上ケ原用水です。左手の二つの流れのうち、右側は門戸村、左側は神呪村へ向かいます。門戸村と神呪村への用水路は、分水樋の先から左手（東）へ折れ、関西学院の構内を貫流します。

門戸村に向かう用水路は、B号館前を通過して日本庭園の池にいったん入り、そこからさらに門戸池に流れ込みます。門戸池からは上ケ原小学校の方向へ流れ、やがて南流して四十谷川（よそや）となり、岡田山と愛宕山（あたごやま）の間を通って上ケ原台地を下っていきます。

写真 4-14　分水樋（関学裏手）

神呪村への用水路は、かつては時計台のある大学の中心部分を貫流し、甲陵（こうりょう）中学校の東にあった神呪村の溜池に注ぎ込みました。現在は神呪村の池が消滅したためか流路が変わり、時計台の正面を横切って中央芝生の脇（経済学部・中央講堂の前）を通り、門戸池に入っています。旧神呪村のあたりは完全に宅地化しており、農業用水はもはや不要なのでしょう。

門戸池とは、法科大学院前にある新月池のことです。きれいに整備されたこの池は、あたかも法科大学院を飾る池泉のように見えますが、今も昔も門戸村の溜池です。B号館前の水路も見栄えよく整備されていますが、これも門戸村の用水路です。これらは地元の水利権者（門戸農会）の管轄下にあり、関西学院の所有物ではありません。

それでは、なぜ上ケ原新田村のために造られた上ケ原用水から、門戸村・神呪村へ水が分けられたのでしょうか。

写真 4-18　用水路（B 号館前）

写真 4-15　神呪村（左）・門戸村（右）への用水路（分水樋付近）

写真 4-19　日本庭園

写真 4-16　用水路（図書館横）

写真 4-20　門戸池（新月池）

写真 4-17　用水路（中央講堂前）

嘉永五年（一八五二）、上ケ原新田村と段上村・上大市村・下大市村の三ヶ村との間で、仁川の水をめぐる争論が発生しました。訴訟を提起した三ヶ村の主張によると、上ケ原新田村が大井滝堰にある上ケ原用水の取水口（岩穴）を深く掘り、堰を勝手に嵩上げするなどして、上ケ原用水へ多くの水が流れるようにしたので、三ヶ村が使用する水が減少したそうです。

争論の背景には、旱魃（日照り）による水不足の問題がありました。上ケ原新田村と三ヶ村は、すでに文政六年（一八二三）ころから、旱魃をきっかけに、仁川の水をめぐって対立しています。

写真 4-21　五ヶ池

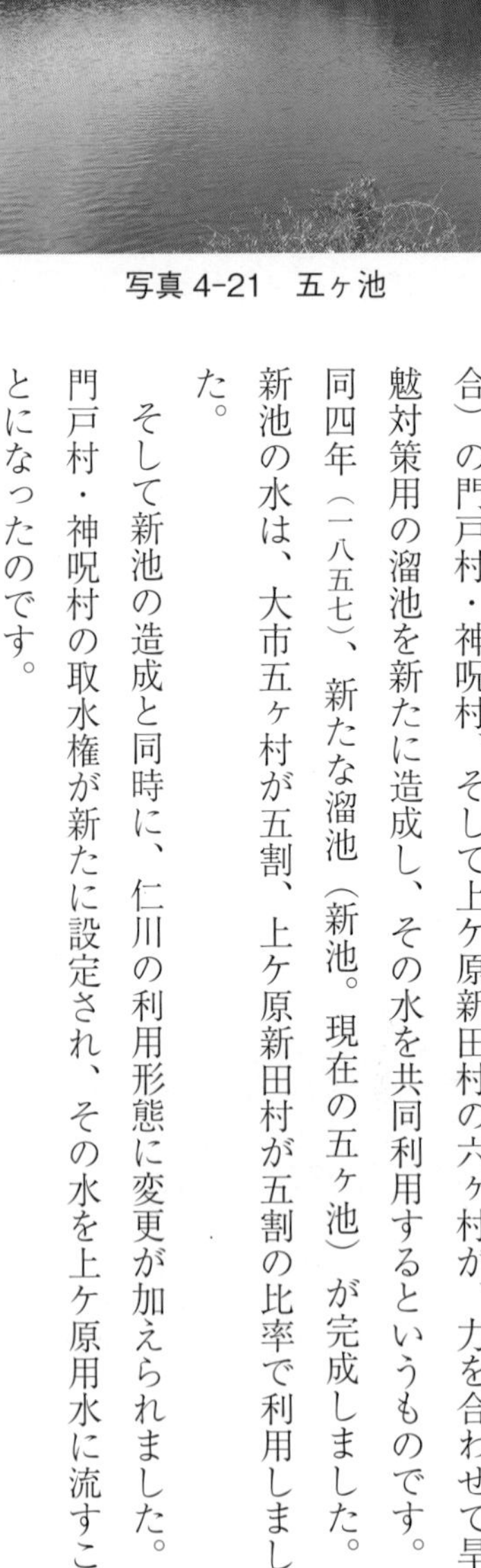

安政三年（一八五六）ころ、高木村庄屋の調停のもとで、和談が成立しました。その内容ですが、大井滝堰の上流に、大市五ヶ村の持ち山である五ヶ山があります。この五ヶ山の谷に、段上・上大市・下大市の三ヶ村と、三ヶ村と同じ井組（水利管理の村落連合）の門戸村・神呪村、そして上ケ原新田村の六ヶ村が、力を合わせて旱魃対策用の溜池を新たに造成し、その水を共同利用するというものです。同四年（一八五七）、新たな溜池（新池。現在の五ヶ池）が完成しました。新池の水は、大市五ヶ村が五割、上ケ原新田村が五割の比率で利用しました。

そして新池の造成と同時に、仁川の利用形態に変更が加えられました。門戸村・神呪村の取水権が新たに設定され、その水を上ケ原用水に流すことになったのです。

門戸村と神呪村は、これまで大市五ヶ村の一員として行動してきまし

写真4-22　上ケ原の溜池
［1948年米軍撮影写真（国土地理院所蔵）に加筆］

た。しかし、両村はもともと仁川の水をさほど利用しておらず、仁川をめぐる争論では、同じ井組として段上村・上大市村・下大市村に同調した側面がありました。

それにも関わらず、今回、門戸村と神呪村は、新池の普請費用を負担してその使用権を得るとともに、仁川の取水権をも獲得しました。その理由は判然としませんが、両村の村域は上ケ原台地にもかかっています。あるいは台地上にある自村の田畑を養うために、仁川の水が改めて必要になったのかもしれません。

これにともない、大井滝堰における分水比率が変更されました。分水木には、各村が利用する水の割合にしたがって、溝が切り明けられています。その幅は、上ケ原新田村＝四尺二寸（一二七センチ）、段上村・上大市村・下大市村＝一尺八寸（五五センチ）、門戸村・神呪村＝七寸（二一センチ）です。上ケ原新田村と段上・上大市・下大市三ヶ村との間では、従来の七対三の比率が維持され、これに門戸村・神呪村の分が加わった形になります。

門戸村と神呪村の水は、上ケ原用水の水路を利用して、両村に引かれることになりました。大井滝堰において上ケ原新田村と門戸村・神呪村の水を同時に取水し、その合水を上ケ原用水に流すのです。三ヶ村の水が流れる上ケ原用水は、関西学院裏手の分水樋において、各村へ向けて三つの流れに分岐します。分水樋の溝の幅は、上ケ原新田村＝三尺六寸二分（一一〇センチ）、門戸村＝五寸六分（一七センチ）、神呪村＝六寸六分（二〇センチ）です。溝の幅が恣意的に改変されないように、分水樋は花崗岩でしっかりと造られています。そして今でも水を分ける役割を立派に果たしています。

以上、水をめぐる村落間の対立は、旱魃に備えて溜池を共同開発し、新たな水の分配ルールを生み出すなど、地域全体の利益を拡大する方向で解決が図られました。

ところで、溜池は上ケ原台地の上にも造成されました。一九四八年米軍撮影の航空写真には、関西学院の附近に溜池が集中する様子が記録されています（写真4―22）。

関西学院の構内には、門戸池・神呪（かんの）池・上池の三つの溜池が見えます。このうち神呪池と上池は消滅し、現存するのは門戸池（新月池）だけとなりました。図書館やH号館の建つあたりにあった神呪池は、神呪村が使用する溜池です。昭和二十八年（一九五三）、関西学院の校舎建設のため埋め立てられました（第一章参照）。もう一つの上池は上ケ原新田村の溜池です。こちらも昭和三十四年（一九五九）ころに埋め立てられてしまい、現在は総合体育館が建っています。

上池の南にあるのが中池です。この池は、上ケ原新田村の溜池としていまだ現役です。上ケ原浄水場近くの山池も上ケ原新田村の溜池です。中池の南側には、現在もわずかですが田地が残されており、農村であったころの上ケ原の面影をうかがうことができます（写真4―4）。

上ケ原台地には、この他にも複数の溜池が造られました。江戸時代の人々は、溜池をいくつも築いて水不足に備え、多少の旱魃には耐えうる社会を築いたといえます。

## 大開発の時代

上ケ原台地が開発された十七世紀は、日本列島各地で大規模な新田開発が行われた、「国土大開発の時代」でした。慶長二十年（一六一五）の大坂夏の陣で豊臣家が滅ぼされて以降、国内では大規模な戦乱は終息し、江戸幕府による安定した政治体制が構築されました（元和偃武）。この「徳川の平和」のもとで、人々の活動は経済活動に集中していきました。日本列島は戦乱の時代から経済の時代へと移行したのです。幕府や大名たちは自領の経済力を向上させるため、おもに新田開発に力を入れました。民衆の側も豊かさを求めて経済活動を活発化させ、新田開発に積極的に参加しました。

写真 4-23　中池（上ケ原六番町）

中世段階ではあまり手が付けられなかった沖積平野や湖沼・干潟などを対象に、大河川の護岸や川筋の付け替え、干拓、溜池の新造、用水路の整備などが行われ、多くの新田（畑を含む）が開発されました。利根川・荒川の流路を付け替えて大規模な耕地を開発したり、芦ノ湖の湖水を利用するために一二八〇メートルもの隧道を掘り抜くなど（箱根用水）、新田開発に向けられた労力には凄まじいものがあります。大規模開発のほかにも、多数の溜池を造成して耕地を拡大したり、草山を新田化するもの、村に隣接して小規模な田畑を開墾するものなど、大小さまざまな開発が、各地で無数に行われました。

新田開発は、開発主体の性格から、土豪開発新田・町人請負新田・代官見立新田（幕府代官が開発を主導）・藩営新田・村請新田（村落が開発を主導）などに区分されます。上ケ原新田は、町人が開発を請け負う町人請負新田ということになります。大坂近辺の町人請負新田では、十八世紀初頭に豪商鴻池家により開発された鴻池新田（現東大阪市）が有名です。

こうして、列島各地に多くの新田と新田村が誕生しました。十七世紀の一〇〇年間で、全国の耕地面積は一・三五倍（二二〇万町歩から二九六万町歩）、実収石高で一・五五倍（一九七三万石から三〇六三万石）、人口は二・五五倍（一二二七万人から三一二八万人）に増大したものと推計されます。耕作地の面積拡大を目指した、まさに大開発の時代でした。

しかし、十七世紀中頃には反動の時代に入ります。自然に対する負荷が激増したため、洪水などの自然災害が頻発するようになりました。過剰開発だったのです。都市の建設に必要な木材の乱伐や過剰な農地の開墾、採草地維持のための山野改造（はげ山化）など、河川の上流地域まで乱開発された結果、山が保水能力を失い、洪水が起こりやすくなりました。また洪水とは反対に、水不足が原因で村落間の紛争が多発するようになりました。田畑の肥料となる草木をめぐる山論も全国的に発生しています。限られた資源をめぐる争奪戦が展開されるようになったのです。自然災害および水論・山論の頻発は、直線的な開発が限界に達したことを示しています。

このような事態に対して幕府は、開発の抑制、自然環境の維持へと政策を転換しました。たとえば寛文六年

（一六六六）、幕府は畿内を対象に「諸国山川掟」を発しました。その内容は、山間部から川筋へ土砂が流れ込んで氾濫を起こさないように、河川上流部においては草木の根を掘ることを禁止して植林を勧め、山での焼き畑を禁止するものです。そして法令に実効性をもたせるために、土砂留奉行を諸国に巡回させ、土砂流出箇所の点検や普請の指示を行わせました。土砂流出箇所では、植林や砂防ダムの設置などの土砂留工事が施されました。

以上、幕府は過剰開発が河川の氾濫を誘発した状況を正しく認識し、開発に一定の歯止めをかけようとしました。その後、新田開発がなくなることはありませんでしたが、領主階層は大規模開発には慎重となり、今ある田畑の収穫量増大を重視するようになりました。そして村落の農民たちは、周辺村落との紛争を通じて、自村のみの拡大ではなく地域全体の共存共栄を図る方向へ、意識を転換していくことになります。

最後に、近代の水に関わる話について述べます。関西学院の裏手（西側）に、神戸市水道局上ケ原浄水場（西宮市仁川百合野町）があります。上ケ原付近に位置することから、西宮市内に給水しているものと思われがちですが、神戸市に給水するための施設です。増大する神戸市民の水需要に対応するため、大正六年（一九一七）に造られました。

上ケ原浄水場の水源は、神戸市北部にある千苅貯水池です。同貯水池は大正八年（一九一九）、武庫川支流の羽束川（千苅川）を堰き止めて造られました。ここから上ケ原浄水場まで水を運ぶため、長さ約一五キロメートルの千苅導水路（当初は武庫川導水路と称す）が築かれました。導水路は

写真4-24　緩速濾過池（上ケ原浄水場）

写真 4-25　正門（上ケ原浄水場）

武庫川渓谷沿いの山中を貫流します。その間、掘削された隧道（ずいどう）は一二ヶ所、総延長は七・七キロメートルになります。隧道部分以外は鉄管で地下を通ります。苦心して岩盤を掘り抜き、遠方まで導水する。規模や用途は異なりますが、千苅導水路と上ケ原用水のあり方はよく重なります。

千苅貯水池から送られた原水は、上ケ原浄水場の緩速濾過池（かんそくろかち）で処理されて、きれいな飲み水になります。できあがった飲み水は、約一九キロメートル先にある奥平野（おくひらの）浄水場（神戸市兵庫区）まで、送水管で送られました。この送水路を上ケ原送水路といいます。

上ケ原浄水場は、時代の要請に対応して、その能力を強化していきました。昭和四年（一九二九）、水需要のさらなる拡大に対応すべく急速濾過池が新設され、同浄水場の浄水能力は二倍近くにまで増強されました。緩速濾過は微生物の浄化作用を利用してじっくりと浄水しますが、急速濾過は薬品を大量に使用して効率よく浄水します。高度経済成長期の昭和三十九年（一九六四）には、産業界の要請に応じて、神崎川を水源とする工業用水道施設が築造されました。

緩速濾過池は二〇〇三年から休止し、主要施設は近代化産業遺産に認定されていますが、上ケ原浄水場は今でも飲み水の一部と工業用水を神戸市へ供給しています。同浄水場で処理された飲み水は、阪神水道企業団が供給する琵琶湖・淀川水系の水と混合して給水されます。今や神戸市全体の飲み水の七四％が、同企業団の供給する琵琶湖・淀川水系の水です。西宮市も飲み水の約八〇％を、同企業団からの給水に依存しています。

# 第五章　戦争の痕跡

## 西宮海軍航空隊

関西(かんせい)学院の高等部グラウンドの西端、立派な桜の木の傍らに、一つの記念碑がひっそりと立っています。記念碑の表には「平和よ永遠に」、裏には「西宮海軍航空隊跡　1944.3～1945.8」と刻まれています。この記念碑の前を、毎日多くの学生が行き来していますが、いったいどれくらいの人がその存在に気付いているのでしょうか。

かつて日本は、第二次世界大戦の一部をなすアジア太平洋戦争（一九四一―四五年）を戦いました。この戦争の後半、関西学院には西宮海軍航空隊（以下、西宮航空隊と略称）が置かれていました。西宮航空隊は実戦部隊ではなく、海軍航空隊の搭乗員（操縦員・偵察員）を養成する教育航空隊です。航空隊といっても飛行機は保有せず、海軍軍人としての基礎的訓練を行う組織です。一九四四年三月、三重(みえ)海軍航空隊の西宮分遣隊として当地に新設され、一九四五年三月に海軍航空隊に昇格しました。

この航空隊には予科練(よかれん)の少年たちが所属しました。予科練とは海軍航空隊の将来の下級幹部搭乗員を養成する制度で、正式には海軍飛行予科練習生といいます。甲種(こうしゅ)・乙(おつ)種・丙(へい)種とがあり、甲種は中学校（旧制）四年一学期修了者、乙種は小学校高等科卒業生を対象とし、丙種は現役海軍兵からの選抜です。甲種には一五、六歳から、乙種には一四歳から入隊できました。つまり予科練は少年航空兵を養成するための制度でした。練習生たちは予科練での厳しい基礎教程を終えたのち、飛行術練習生（飛練）の教程に進みます。飛練を卒業すると実戦部隊に配備され、訓練を重ねながら実戦に参加することになります。西宮航空隊には三重海軍航空隊の甲種飛行予科練習生（甲飛）の一部が集められ、開隊の翌四月、甲飛十四期生一二〇〇人が入隊しました。甲飛十四期生は海軍全体で約四万八〇〇〇人が採用されています。戦争の激化により航空機の損失が重なり、搭乗員が大量に不足したためです。また一九四三年八月より、修業期間が一年六ヶ月から六ヶ月に大幅に短縮されました。

写真 5-1　西宮海軍航空隊の記念碑（関学構内）

予科練は基本的に志願制なのですが、一九四三年ころから中学校などに軍からの強制志願割当があり、教師から特定の生徒に対して、予科練をぜひ志願するよう「説得」がなされたそうです。なかば強制された志願。あの特攻隊員も「志願」制でした。

関西学院は海軍省からの要求により、学院の敷地・建物を西宮航空隊に提供（貸与）しました。中学部校舎や大学予科校舎、および付属施設などです。当時、中学部は現在の中学部グラウンドのあたりに、大学予科は高中部本部棟にありました。現在の銀座通りの向こう側（南側）、すなわち、新旧学生会館・G号館・中学部・高等部などのある一帯が、軍の施設となりました。グラウンドは練兵場となり、その一角に無線通信講堂が新設されました。また、関学正門前の一帯には松林が広がって

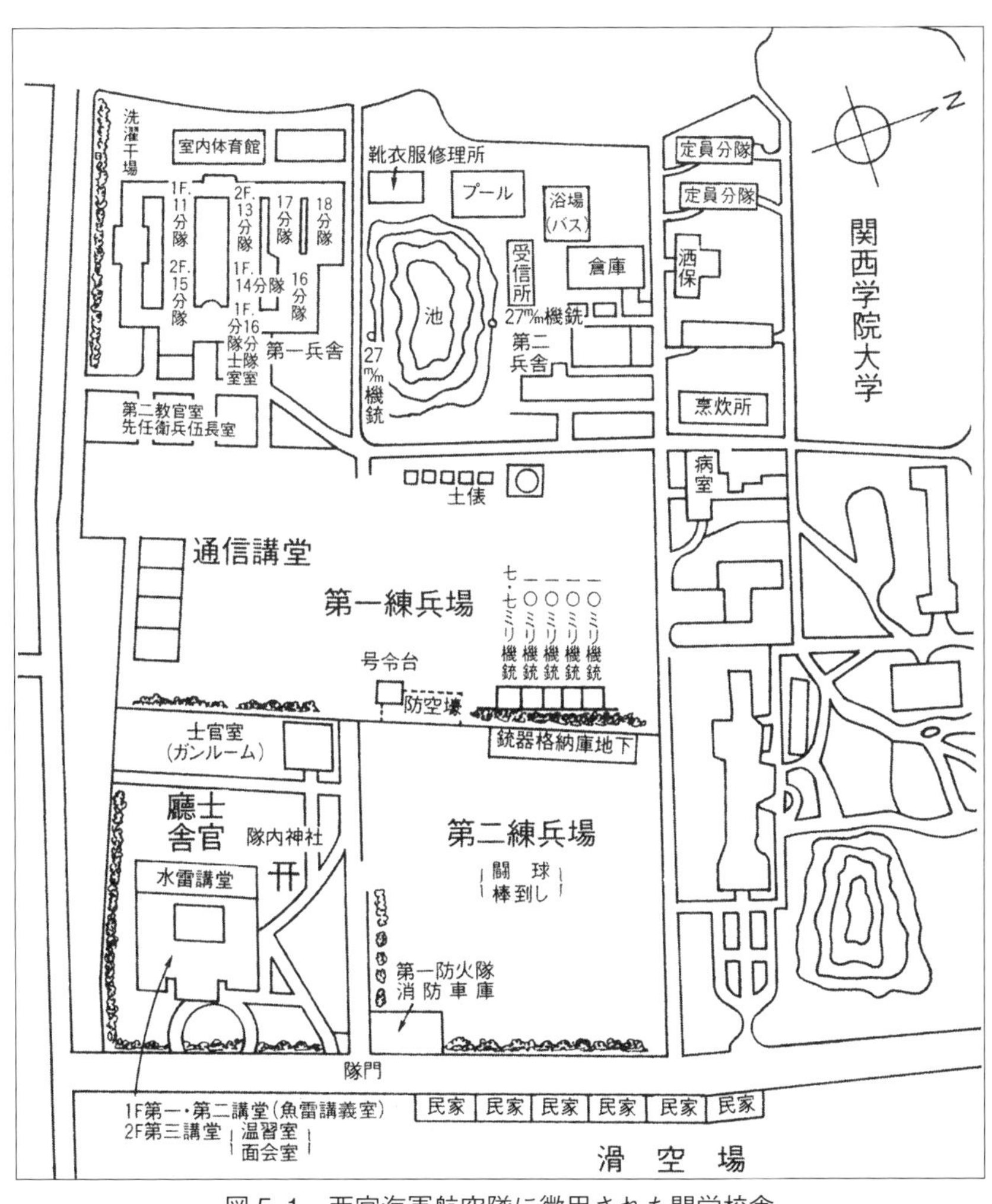

図5-1　西宮海軍航空隊に徴用された関学校舎
(関西学院大学学院史編纂室提供)

いましたが、切り払われてグライダー訓練場となりました。

こうして関西学院の半分が軍事施設となってしまいました。同様の事態は他校でもみられました。たとえば慶應義塾の場合、日吉キャンパス（現横浜市港北区）が海軍に徴用され、そこに海軍中枢部の軍令部や連合艦隊司令部などが入りました。

写真 5-2　訓練用グライダー
（関西学院大学学院史編纂室提供）

西宮航空隊では、おもに軍人としての基礎的訓練とグライダー訓練が行われました。基礎的訓練は相当厳しかったようです。練習生たちは軍人魂を、厳しい訓練と理不尽な私的制裁によって叩き込まれました。とくに私的制裁は強烈でした。海軍精神注入棒（通称バッター）という棍棒で尻を思い切り殴られるのです。一発でも喰らうと、痛みが脳天を突き抜けるそうです。陸軍・海軍を問わず、日本の軍隊では私的制裁が横行していました。基本は鉄拳制裁です。下っ端の兵たちを、上官が殴り、先輩が殴り、ひたすら締め上げるのです。このようにして一般人としての常識や理性を頭から叩き出し、上官の命令に盲従する「立派」な軍人に育て上げました。軍人の育成に一定の厳しさは必要ですし、おかげで不屈の忍耐力が身についたと回顧する人もいますが、やはり度を越えた暴力であったと思います。とにかくよく殴る軍隊でした。グライダーの滑空訓練は嬉しかったそうです。ほんの数メートルの高さに浮かぶだけですが、練習生たちの、飛行機への憧れの気持ちを満たしたようです。

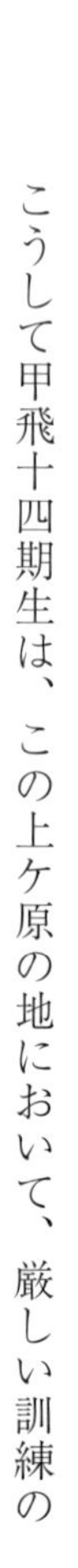

こうして甲飛十四期生は、この上ケ原の地において、厳しい訓練の

日々を送りました。本来ならば、彼らは一九四四年十月に予科練を終えて、次の飛行術練習生の教程へ進むはずでした。ところが卒業は当面延期となり、予科練での訓練が継続されることになりました。戦争の激化により航空機やガソリンが不足し、飛練での実機訓練が困難になったからです。

そして本土決戦が現実味を増してきた一九四五年五月、甲飛十四期生のうち半数の六〇〇人が、海軍潜水学校平生分校（のち柳井分校と改称。現山口県平生町）へ転属しました。平生分校は特攻兵器の回天・海龍の訓練基地です。彼らはついに水中特攻隊員となったのでした。おもに海龍の訓練をしたそうです。

同年六月、残留組六〇〇人も陸上戦闘要員として、田辺海兵団（現和歌山県田辺市）や紀伊防備隊（現和歌山県由良町）などへ転属しました。飛行機乗りになるはずが、空とは関係のない陸戦要員とされたのです。やがて上陸してくる米軍を水際で撃滅すべく、海岸陣地の構築や対戦車戦（自爆攻撃）などの訓練に明け暮れました。

回天は人間魚雷として知られる特攻兵器です。魚雷に操縦席を取り付けたもので、母艦となる潜水艦の上に搭載され、発射されたあとは、搭乗員が操縦して敵艦へ突き進みます。炸薬量が一五五〇キログラムもありましたので、命中したら駆逐艦程度ならば轟沈です。回天は実戦に投入されました。海龍は魚雷二発を装備した小型潜水艦（特殊潜航艇）です。本来は通常兵器なのですが、結局は爆薬を装填して特攻兵器となりました。

写真 5-3　徴用されたグラウンドの風景
（関西学院大学学院史編纂室提供）

写真 5–4　「雄飛之碑」（右）と神風神社（中央）

これがドイツならば、人間魚雷ではなく自動追尾式の魚雷で済ますところです。欧米人に特攻という発想はありません。日本ではこのほかにも、有人ロケット爆弾の桜花（おうか）、爆装モーターボートの震洋（しんよう）など、自爆攻撃に特化した有人兵器がいくつも開発されました。桜花と震洋も実戦で使用されました。第二次世界大戦の参加国のなかで、有人自爆兵器を実際に使用した国は日本だけです。なぜこうなってしまったのか、私たちはよくよく考えるべきだと思います。

潜水学校へ転属した練習生たちは、自ら志願して特攻隊員になりました。しかし注意しなくてはいけないのは、上官から特攻隊に志願しないかといわれたら、当時の軍人は迷わず志願を「熱望」したことです。皆、本音は特攻など嫌なのですが、拒否する自由や発想は彼らにはありませんでした。西宮航空隊でも練習生のほぼ全員が特攻隊行きを志願し、全員は無理ということで半数が選抜されました。

戦争末期の日本は、迫り来る米軍を本土で迎え撃つ本土決戦の準備を、狂気を孕（はら）みつつ急いで進めました。多くの死者を出した沖縄戦（一九四五年四―六月）は、そのための時間稼ぎに利用されました。つまり沖縄は本土決戦のための捨て石でした。西宮航空隊の少年たちが本土決戦要員として水中特攻隊や沿岸警備隊に配備されたのも、ちょうどそのころのことでした。幸いなことに、彼らは実戦に投入されることなく敗戦の日を迎え、戦争を生き延びることができました。そして、搭乗員養成の必要がなくなった西宮航空隊は、敗戦を待つことなく六月末に解隊となりました。戦争の拡大とともに生まれ、戦争の破局を前に消滅した、存続期間一年三ヶ月の短命な飛行隊でした。

現在、関学裏手の八幡神社には、西宮航空隊を記念した「雄飛之碑」（記念碑）と、同航空隊と関係する神風神社があります。これらは戦後、西宮航空隊の戦友会である西空会の関係者によって整備されたものです。このうち神風神社は、かつて西宮航空隊の士官庁舎（大学予科校舎）前にあった同名の神社に由来します。神風神社は、西宮航空隊を守護する隊内神社として、一九四五年二月の紀元節に設置されました。祭神の天照神は近所の広田神社から分祀されたものです。神風神社は敗戦時に関学構内から八幡神社へ移され、ひっそりと祀られてきましたが、このことを知った西空会関係者が中心となり整備されました。

### 川西航空機と鳴尾

一二八頁の写真5―12をご覧ください。写真の右部分から猛然と爆煙が上がっています。これは米軍の爆撃機B29による爆撃の様子を撮影したものです。爆煙の上がっている部分は川西航空機宝塚製作所です。中央を流れるのは仁川で、その左手上方には関西学院が写っています。なぜこのようなことになってしまったのでしょうか。まずは川西航空機の話から始めます。

川西航空機は、一九二八年に設立された航空機メーカーです（現新明和工業）。鳴尾村（現西宮市）に本社がありました。主要な工場は、本社工場の鳴尾製作所、甲南製作所（現神戸市東灘区）、姫路製作所（現姫路市）、宝塚製作所（現宝塚市）などです。川西航空機は海軍に密着して発展した企業です。海軍の戦闘機紫電改を製造したことで歴史上有名ですが、もともとは水の上を離発着する水上機や飛行艇の専門メーカーでした。同社が開発した二式大型飛行艇（二式大艇）は、第二次世界大戦で使用された飛行艇の中でも、世界最高の性能を

写真 5-5　二式大型飛行艇
（船の科学館。現在は海上自衛隊鹿屋航空基地史料館に展示）

誇る傑作機でした。

当時（今もそうですが）、航空機産業は最先端の産業でした。航空機は、まずは軍用機として発達しました。第一次世界大戦中、欧州戦線に登場すると急速に発展し、第二次世界大戦では主力兵器として活躍しました。日本は軍用機の開発に後れをとりましたが、国をあげて航空機産業の育成を推し進め、第二次世界大戦が始まるころには世界屈指の航空機大国となりました。まだプロペラ機の時代の話です。戦闘機の開発は、大企業の三菱重工業と中島飛行機がおもに担いました。三菱は堀越二郎のもとで有名な零戦（海軍零式艦上戦闘機。通称ゼロ戦）を開発し、中島は小山悌のもとで隼（陸軍一式戦闘機）や疾風（陸軍四式戦闘機）などを開発しました。川西航空機は中堅規模かつ水上機専門の企業でしたが、本格的な戦闘機を作ろうと考え、試行錯誤の末に紫電改を生み出しました。その開発過程はなかなか興味深いです。

まず水上戦闘機の強風が開発されました。強風は陸上戦闘機と同等の性能を狙った意欲作でしたが、将来の需要があまり見込まれないことから、これを基礎に陸上戦闘機を自主開発することにしました。すなわち、強風から重たいフロートを取り外し、エンジンを強力な二千馬力級のものに換装して、手っ取り早く陸上戦闘機に改造しました。これが紫電です。一九四二年十二月に初飛行しました。ところが紫電はエンジンと主脚に不具合が多く、頻繁に故障しました。そこで紫電を設計し直して、不具合をなるべく解消しました。こうして誕生したのが紫電改（正式には紫電二一型）です。一九四四年一月に初飛行しました。設計は菊原静男を中心とする設計チームが行いました。そのころ、零戦の後継機作りが上手くいかず焦っていた海軍は、早速この紫電改に飛びつき、次期主力戦闘機候補として大いに期待しました。

写真 5-6　紫電改
［『世界の傑作機 53 強風，紫電，紫電改』（文林堂　1995 年）より転載］

紫電と紫電改には、自動空戦フラップという新機軸が採用されました。これは、空中戦の最中に主翼のフラップが自動的に作用して、機体を最適な状態に保つ装置です。大馬力エンジンを搭載した戦闘機は、機体の重量が増加するので小回りがききません。紫電改は自動空戦フラップによって、比較的小回りのきく、日本人好みの戦闘機となりました。最高速度は時速五九四キロメートルと、米主力戦闘機のグラマンＦ６Ｆよりやや遅いのですが（Ｆ６Ｆは時速六一二キロメートル）、これまでの主力戦闘機である零戦に比べ、格段に強力な戦闘機です。紫電改の出現により、海軍はようやく米軍機と対等に戦える戦闘機を手に入れました。

実際、紫電改はその実力を発揮して、米軍機を何機も撃墜しました。たとえば一九四五年三月十九日、紫電改を装備した四国松山基地の剣部隊（第三四三海軍航空隊）は、海軍の軍港がある呉方面に襲来した米艦載機群と大規模な空中戦を演じ、五二機撃墜を報じました。日本側の損失は一六機。米軍に一矢報いる大戦果です（ただし米国側の資料には、撃墜した日本機五〇機、味方の損失八機とあります）。剣部隊は名人級の搭乗員を集めた精鋭部隊でしたが、優秀な紫電改でなければ、これほどの戦果をあげることは難しかったことでしょう。もっとも、その後は搭乗員と機材の損失が続き、剣部隊は次第に弱体化していきました。紫電改は確かに優秀な戦闘機でした。しかしながら、生産機数が約四〇〇機とあまりにも少なく、登場するのも遅すぎました。

**写真 5-7　鳴尾飛行場（左）と鳴尾製作所（中央下）**
（1948 年米軍撮影　国土地理院所蔵）

戦時中の日本の軍用機は、機体設計は世界水準に達していましたが、航空機の命であるエンジンに問題がありました。航空機はハイテク技術の集合体です（とくにエンジン）。現代の自動車産業と同様に、航空機の開発には、その国の工業的・総合的な実力が如実に反映されます。日本は今でこそ世界屈指の工業国ですが、当時はまだまだ後進国でした。産業・技術の裾野が狭く、技術者は優秀でしたが数が足りません。経済力も貧弱でした。そこを無理に無理を重ねて軍事大国・航空機大国となりましたが、実力に厚みがないので、新たな事態が起こると途端に対応することができませんでした。すなわち、十分な性能と信頼性をもつ大馬力エンジンの開発に手間取り、その結果として新型機の開発は大いに遅れ、ようやく実戦に投入してもエンジンは常に不調、飛行機の数も足りない、という無残なことになりました。

結局のところ、日本は実力以上の戦争をしてしまったのです。国民は概して貧しく栄養不足。しかし軍事力だけは世界一流。その軍事力も総力戦になるとボロが出てしまい、ついには国を失うことになりました。

紫電改は、おもに川西航空機の鳴尾製作所で生産されました。鳴尾製作所は川西本社とともに武庫川（むこがわ）の河口付近にありました。一九四三年には隣接して鳴尾飛行場が造成されました。鳴尾製作所で製造した陸上戦闘機の試験飛行を行うためです。水上機をおもに製造していたころは、鳴尾浜の海上で試験飛行を行っていました。一九四四年十二月になると、B29の爆撃から阪神地区を守るため、海軍の戦闘機部隊（第三三二海軍航空隊）が鳴尾飛行場に展開しました。鳴尾飛行場は海軍の航空基地ともなったのです。

鳴尾飛行場となった一帯は、もともとは運動・娯楽施設の集まる地区でした。仁川の阪神競馬場の前身である鳴尾競馬場、動物園・水族館・遊園地を備えた浜甲子園阪神パーク、二万人の収容能力を誇った甲子園南運動場などがありました。甲子園球場とあわせて、かつてこのあたりは、休日ともなると大勢の人で賑わったことでしょう。しかし戦争の拡大とともに、これらの施設は飛行場へと姿を変え、甲子園球場も軍関係の工場や資材置き場、そして芋畑になりました。

こうして鳴尾の地は、軍需工場である川西航空機の企業城下町となり、戦時中には海軍航空隊の基地ともなりました。一九四五年六月九日、鳴尾製作所はB29四四機による空襲を受け、工場の六〇％以上が破壊されて事実上壊滅しました。この空襲による死者は、鳴尾村全体で四八人です。鳴尾飛行場もたびたび空襲を受けました。

## 川西航空機宝塚製作所

川西航空機宝塚製作所は、一九四一年に兵庫県武庫郡良元村(りょうげん)（現宝塚市）に建設されました。現在の阪神競馬場や新明和工業の本社と宝塚工場のある一帯が、当時の工場敷地です。宝塚製作所では、航空機の部品やエンジン関連機器（燃料噴射ポンプ、油圧モーターなど）が生産されました。紫電・紫電改の全部品の四〇％もここで生産されています。

宝塚製作所を含め、川西航空機の従業員数は戦争の進展とともに急増し、最盛期には約六万五〇〇〇人にまで膨張しました。なぜ従業員数が急速に拡大したのかというと、国家の政策によって多くの労働者が強制的に集められたからです。

一九三九年七月、国家総動員法に基づき国民徴用令(ちょうよう)が公布されました。日中戦争（一九三七―四五年）の長期化により社会の働き手が大量に兵士として出征(しゅっせい)したため、産業界は人手不足になりました。徴用令はその欠を補うために、軍需工場などで国民を強制的に就労させる制度です。アジア太平洋戦争を開始する少し前の一九四一年八月に発動されました。

写真 5-8　紫電の生産（姫路製作所）
[『世界の傑作機 53　強風, 紫電, 紫電改』（文林堂　1995年）より転載]

徴用された人々は、当初は一六歳以上・四五歳未満の男子でしたが、一九四三年七月の徴用令改正で適用範囲が拡大し、一二歳以上・六〇歳未満の男子となりました。女子の徴用については、「女性は家を守るもの」との家族観から、政府はこれに消極的でした。しかし一九四四年八

写真 5-9　組立工場で働く女学生
（小林聖心女子学院提供）

月に女子の勤労動員が義務化され、一二歳以上・四〇歳未満の未婚女子が女子挺身隊（ていしんたい）として動員されました。女子挺身隊は、学校（同窓生）・職場・地域を単位に組織されました。

在学中の学生・生徒も労働に動員されました。これを学徒勤労動員といいます。学徒（学生・生徒）は、学校ごとに報国隊（ほうこくたい）（報国団）に組織され、軍需工場や食糧増産に動員されました。動員期間は当初は年間数日間でしたが、段階的に延長され、一九四四年三月には通年化されました。その結果、中学生以上の就学者は、男女ともに学校を離れ、戦争遂行のための労働に従事させられました。そして一九四五年三月、国民学校初等科（当時の小学校の呼称）を除き、学校の授業が一年間停止となりました。国家はついに教育を放棄したのです。

国民学校初等科の児童は動員から除外されましたが、それは彼らが労働に適さない年齢だったからにすぎません。やがて米軍による本土空襲の危機が迫ると、将来の兵士の命を守るため、また都市防衛の足手まといになるとの理由から、おもに大都会の児童が半強制的に農村部へ疎開（そかい）させられました（学童疎開）。

以上、要するに、兵隊として国家に貢献することができない者は、老若男女を問わず軍需工場などで働いて、国家の役に立てということです。まさに総力戦です。

　こうして多くの人々が徴用され、軍需工場などで労働に従事しました。川西航空機は国民徴用令の適用第一号となり、海軍の梃子入れによって、各地から潤沢に労働者が集められました。工場では軍の監視のもとで、昼夜兼行の厳しい作業が行われました。

　宝塚製作所においては、一般の徴用工のほかに、関西学院・神戸女学院・その他の学校から動員された学徒、小林聖心女子学院・宝塚音楽歌劇学校などから動員された女子挺身隊の若い人々が、祖国の勝利のために働かされました。学業よりも航空機の生産が優先されたのです。

写真 5-10　工場労働
（手塚治虫「紙の砦」©手塚プロダクション）

　一九四五年六月一日段階における宝塚製作所の人員は九、七一六人。このうち二、四一八人が動員された学徒でした。彼らは日本の勝利をひたすら信じ、食糧不足で常に腹を空かせながらも、めげることなく辛い工場労働に従事しました。

　戦時中、銃後の国民は、このような形で戦争に協力させられました。有名な例ですが、漫画家の手塚治虫もその一人です。手塚は当時、大阪府立北野中学校の生徒でした。勤労動員で淀川沿いの軍需工場（大阪石綿）において望まぬ労働に明け暮れ、一九四五年六月には第三次大阪大空襲を経験しました。空襲を何とか生き延びた手塚は、被爆した工場から自宅のある宝塚まで歩き、その途中で数多くの遺体を目にしています。彼の戦争経験は、「紙の砦」「どついたれ」などの作品に描かれています。手塚治虫と戦争については、手塚治虫公式サイトTezukaOsamu.netの「手塚治虫と戦争」で手軽に見ることができます。

もっとも、いくら必勝の信念でもって工場労働に邁進（まいしん）しても、徴用・動員された人々は所詮は素人です。日本の工業は、熟練した工員の緻密な作業によって成り立っていました。その工員の多くが徴兵されて工場を去った穴を、動員された学徒らが埋めたわけですが、職業訓練もろくにせずに、素人に熟練工の代替をさせることは、どだい無理な話でした。その結果、工作不良の部品が濫造（らんぞう）され（そもそも素材の質が悪いのですが）、それらの部品を寄せ集めて組み立てられた航空機は基本的に調子が悪く、飛べない機体が続出しました。優秀な工作機械が大量にあればよかったのですが、そもそも当時の日本には優れた工作機械を作る能力がありませんでした。近代日本工業の限界が露呈したといえるでしょう。

写真5-11　空襲の様子
（手塚治虫「どついたれ」Ⓒ手塚プロダクション）

一九四五年七月二十四日、宝塚製作所は、マリアナ諸島のテニアン西飛行場を発進し

写真 5-12　空襲をうける宝塚製作所
（関西学院大学学院史編纂室提供）

たB29七七機による精密爆撃を受けました。M65一〇〇〇ポンド通常爆弾が九〇一個（四五〇トン）投下され、うち四一八個が工場主要部に命中しました。工場はほぼ全壊となり、部品の生産は不可能となりました。米軍としては満足すべき結果だったのでしょうが、堪らないのは空から一方的に爆撃された人々です。この日、工場にどれくらいの人々が働いていたのかはわかりませんが、爆撃によって八三人とも一〇八人ともいわれる人々が死亡しました。勤労動員で工場に勤務していた学徒も犠牲になりました。関学生は三人、神戸女学院生は一人です。とくに関学生の動員先は宝塚製作所に集中していました。また、工場の近隣地域にも爆弾が投下され、宝塚製作所と合わせて一八二人が死亡したとされます。神戸女学院生二人も自宅で死亡しました。

米軍は日本本土を爆撃するさい、東京・名古屋・大阪などの大都市の壊滅、すなわち都市住民の大量殺害を図るとともに、航空機の製造に関わる工場を重点的に狙いました。航空機の戦争に果たす役割が非常に大きかったため、その製造工場や関連工場を破壊することで、日本の航空戦力を根底から制圧する意図がありました。そのため、川西航空機の関連工場はすべて空襲の対象となりました。甲南製作所（五月十一日）、鳴尾製作所（六月九日）、姫路製作所（六月二十二日）、宝塚製作所（七月二十四日）が次々に空襲を受け、いずれも壊滅しました。また、明石には川崎航空機という航空機メーカーのエンジン工場がありましたが、これも空襲で致命的損害を被りました。

一方、軍はこうした事態をある程度予測しており、一九四四年九月に工場・事務所などの分散化が指示されました（工場疎開）。川西航空機の場合、同年十一月より疎開を開始し、本社機能の多くが関西学院や神戸女学院に移され、資材や部品は各製作所周辺の学校や倉庫に分散されました。

写真 5-13　黒塗りの校舎（1946 年撮影）
（関西学院大学学院史編纂室提供）

関西学院では一九四五年一月より、中央講堂が軍需品の製造工場となり、法文学部校舎（現文学部校舎）には本社設計部が入り、宣教師用の瀟洒な住宅（外国人住宅）は工場労働者の宿舎になりました。神戸女学院では、高等女学部の体育室にて設計図の青写真が焼かれ、専門学校の体育館には工作機械が据えられて、紫電改の部品が製造されました。神戸女学院に隣接する聖和女子学院では、一九四五年春の一時期だけですが、航空機用の鋲の選り分け作業が行われました。小林聖心女子学院も神戸女学院と同様に、川西の部品・製図工場として学校施設が利用されました。こうした女子学校の軍需工場化は政府の方針でした。

国民学校もまた川西に徴用され、倉庫などに利用されました。たとえば甲東国民学校（現西宮市立甲東小学校）には宝塚製作所の機能の一部が移され、鳴尾北国民学校（同鳴尾北小学校）は本社倉庫に利用されました。川西の疎開先となった学校は、およそ八〇校にのぼります。大阪梅田の阪急デパートまでもが飛行艇用機械部品の工場になりました。

一九四五年一月からは、京都府の福知山、兵庫県の北条（現加西市）・苦楽園（現西宮市）・甲陽園（同）・山芦屋（現芦屋市）などで、川西航空機の半地下工場の建設が始まりました。甲陽園の工場用地下壕（横穴）の建設には朝鮮人労働者が投入され、過酷な突貫工事が行われたようです。甲陽園の地下壕は七ヶ所掘られたことが判明していますが、宅地開発や西宮市による埋め戻しで、現在、見学できる壕はありません。戦争末期の日本各地において、地下工場や飛行場などを急造する必要から、朝鮮人労働者の強制動員（「強制連行」）・強制労働が広く行われました。戦時中における国家と企業による朝鮮人強制動員・強制労働の問題は、現在の日韓間における懸案ともなっています。これらの地下工場の多くは、実際に操業されることなく敗戦の日を迎えています。

## 戦争と学生・生徒

戦争末期の関西学院は、完全に軍事施設と化してしまいました。西宮航空隊が解隊されてからも、学院の施設は引き続き海軍に徴用され、大阪警備府管下の大阪警備隊（陸戦部隊）と大阪海軍施設部（築城・土木専門）がこれを利用しました。中央講堂や法文学部校舎などは、軍需産業の川西航空機に徴用されています。時計台（図書館）や法文学部校舎などには、空襲を避けるための黒い迷彩塗装が施されました。時計台に掲げられていたエンブレム（紋章）は、スクールモットーの「ＭＡＳＴＥＲＹ・ＦＯＲ・ＳＥＲＶＩＣＥ」（「奉仕のための練達」）の文字が敵性語でイカンとの理由で、すでに一九四二年秋に軍の命令によって破壊されました。また、食糧の増

写真 5-14　破壊されたエンブレム
（関西学院大学学院史編纂室提供）

産ということで、時計台の裏手は畑として利用され、グライダー訓練が行われていた正門前一帯も海軍の芋畑となりました。

神戸女学院も校舎の大半が軍関係の施設となりました。同学院には川西航空機のほか、指月電気工業（無線機用コンデンサのメーカー。現指月電機製作所）や海軍衣糧廠などが入り、諸施設を学内工場として利用しました。理学館には第六陸軍技術研究所の一部が移転しています。第六陸軍技術研究所は、毒ガスなどの化学兵器の研究を行う陸軍の研究機関です。ソールチャペル（礼拝堂）には、軍の徴用を避けるため、各教室から集められた机や椅子が積み上げられたそうです。校舎の迷彩塗装は見送られましたが、構内の谷間には防空壕が掘られました。

聖和女子学院は、一九四五年七月に、海軍施設部女子軍属（軍属とは、軍人ではないが軍に所属する者のこと）の宿舎として、校舎の一部が接収されました。関西学院に置かれた施設部と関係する処置でしょう。同じころ、実現しませんでしたが、指月電気の非常疎開予備工場として校舎を提供する予定もありました。

こうしてみると、上ケ原およびその周辺の学校施設は、鳴尾と宝塚に製作所がある川西航空機の工場として、おもに徴用されたことがわかります。なかでも関西学院は、阪神間における海軍の拠点となったといえます。

学生・生徒たちも戦争に巻き込まれました。一九四三年十月の「在学徴集延期臨時特例」公布により、理工医学系・教員養成学校以外の大学・高等専門学校の学生・生徒は、学校での勉学を中断され、軍隊に入隊して戦地へ赴きました。いわゆる学徒出陣です。

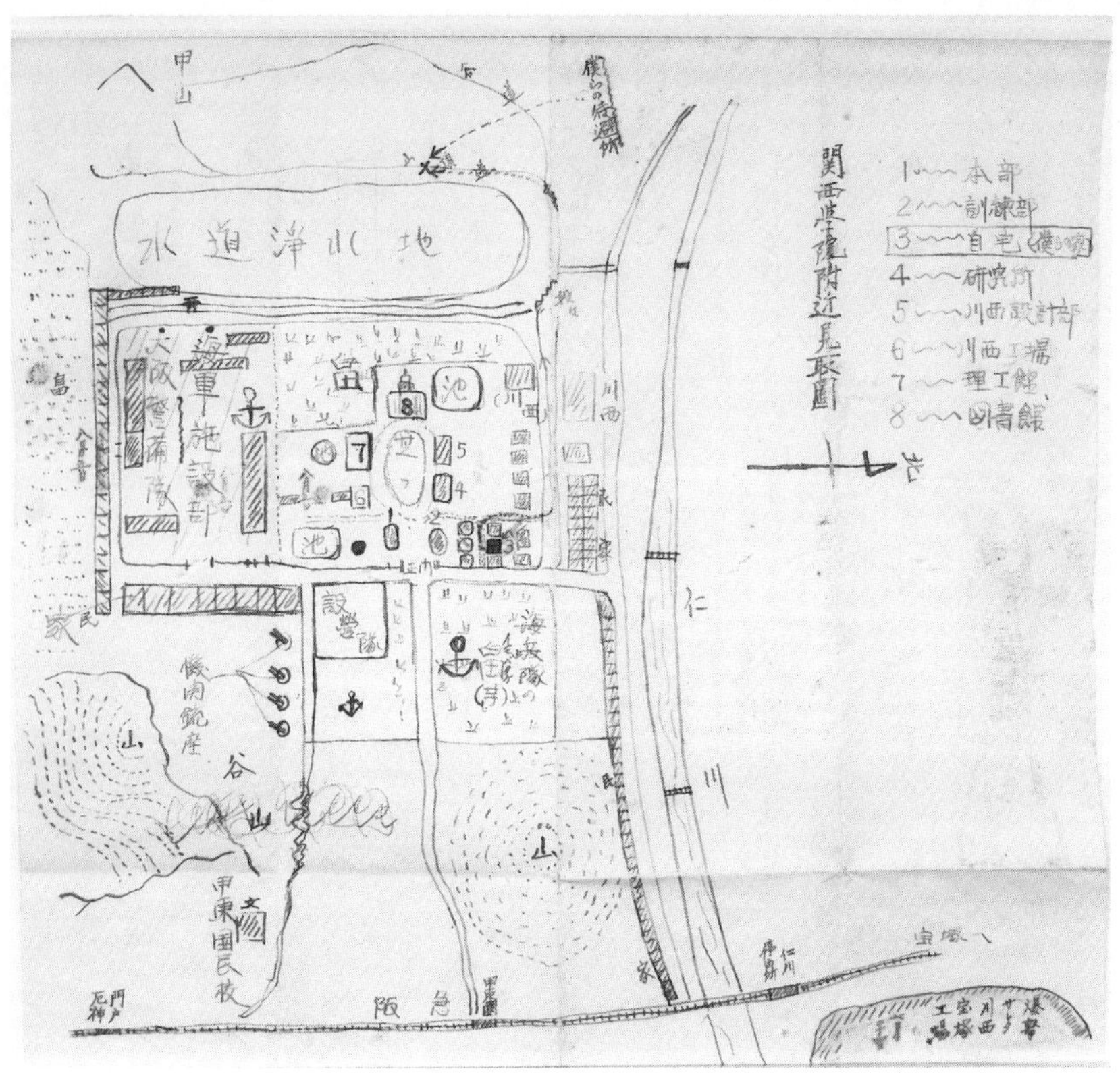


写真 5-15　関西学院附近見取図
（森本好則氏提供）

本図は、森本好則氏（関西学院大学経済学部名誉教授）の兄から、岡山へ学童集団疎開していた同氏のもとに届けられた、関西学院付近の見取図です。海軍施設部や大阪警備隊、正門前の芋畑など、西宮航空隊解隊後の状況が詳細に描かれています。1945 年 7 月 24 日の宝塚製作所空襲の記述（図の右下）、および同年 8 月 5 日の西宮空襲における関西学院の被弾箇所の記入（「●八月五日」とある部分。3 ヶ所。赤字で記入）から、敗戦直前のころの作製と推測されます。上ケ原浄水場裏の待避所、関西学院前の機関銃座などの記述も興味深いです。西宮空襲では関西学院にも焼夷弾が複数落下しましたが、被害は中央講堂裏音楽室と大学予科食堂が焼失しただけで済みました。

（注）原図の「●八月五日」とある部分は、より鮮明となるように、
「▲八月五日」と活字表記しました。

写真 5-16　学徒出陣壮行会の記念写真（法文学部）
（関西学院大学学院史編纂室提供）

　戦前の日本には徴兵制度があり、男子は満二〇歳になると徴兵検査の上で軍隊に入りました。ただし大学・高等専門学校の在学生には、在学中に限り徴兵を猶予する特典がありました。当時の大学生は現在と異なり、国家・社会の将来を担うエリート予備軍として優遇されてきました。しかし戦局の悪化にともない、満二〇歳に達した文系の学生から徴兵されるようになりました。理工医学系の学生・生徒は、技術者や軍医として戦争に役立つと考えられ、当面は温存されました。関西学院では、一九四四年度の商経学部第三学年の場合、在籍者一三五人のうち、大多数の一一五人が入隊させられました。
　一九四三年十月、東京の明治神宮外苑陸上競技場において、文部省主催の出陣学徒壮行会が挙行されました。学生服姿で足にゲートルを巻き、鉄砲を担いだ学生が分列行進し、これを女学生がスタンドで見守りました。悲壮な光景です。関西では、大阪（中之島公園）・神戸（東遊園地）・京都（平安神宮前）で行われました。神戸の出陣学徒壮行会では、関西学院の学生が出陣学徒代表として答辞・宣誓を述べました。

壮行会は各学校でも催されました。関西学院の壮行会では、在学生から手向けられた壮行の辞（贈る言葉）に対して、出陣学徒は答辞のなかで、「我等モトヨリ生還ヲ期セズ、東亜安定ノ礎ト成ルモ亦男子ノ本懐ナリ」（第一学年答辞）、「最後ニ学院ノ隆昌ヲ祈リ答辞ト致シマス、誠ニ有難ウコサイマシタ、元気テ征ツテ参リマス」（第三学年答辞）と述べています。

一方、在学中の学生や関学中学部の生徒たちは、勤労動員で軍需工場などへ送られ、厳しい食糧事情のなか、辛い労働を強制されました。神戸女学院や小林聖心女子学院などでは、女学生たちが母校の学校工場で労働に従事しました。男子も女子も、もはや勉強どころではありませんでした。学生・生徒を勤労動員にとられた関西学院では、すでに一九四四年より授業が成立しなくなっています。

写真 5-17　旌忠碑（関学構内）

当時の青少年たちは「人生二〇年」と観念していました。戦争末期になると、あるいはそれすら無理ではないかと、真剣に思われたそうです。動員先で空襲に遭遇し、焼夷弾のなかを逃げ惑った学生・生徒も多くいたことでしょう。先の見えない、腹ぺこで、生命の危険に満ちた、まことに暗く苦しい時代であったと思います。

ところで現在、関学の中央講堂の傍らに、旌忠碑という記念碑が建っています。日中戦争の勃発以降、増加し続ける関学同窓生（大学・中学部など関西学院出身者の全体）の戦没者（戦死者。戦傷死・戦病死を含む）を慰霊するため、学院創立五〇周年（一九三九年）の記念事業の一つとして、一九四〇年二月に建立されました。設計はヴォーリズ建築事務所です。中央に八咫烏（やたがらす）のレリーフがあり、その左右に翼のように広がる壁面には、同窓生の戦没者一六八人の氏名が刻まれています。旌忠とは、国家に対する忠義を顕彰するという意味です。当時、戦争に軍人として参加した人々の死は、国家（＝天皇）のために忠義を尽くした末の「名誉の戦死」と位置づけられました。

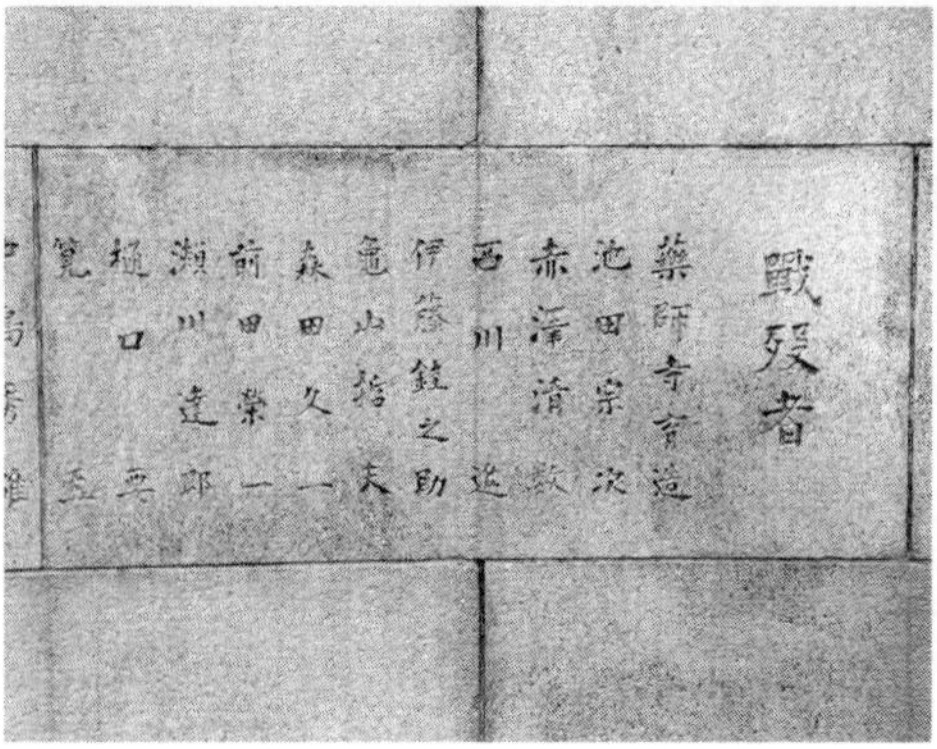

　旌忠碑には合計一六八人の氏名が刻まれていますが、建立当初は四六人だけでした。学院同窓で最初の戦没者は、日清戦争（一八九四―九五年）最末期の台湾出兵時に出ています。二人目は第一次世界大戦（一九一四―一八年）初期の青島（チンタオ）攻略戦において、三人目は一九三六年に戦没しました（戦没地不詳。満州カ）。日中戦争（一九三七―四五年）が始まると戦没者は急増し、一九三九年末までの約二年半で四三人が戦没しています。その大半は中国本土での戦没者ですが、ノモンハンでも四人が戦没しています。ノモンハンとは、満州国とモンゴルの国境地帯に位置する地名です。一九三九年、ノモンハン付近において、日本軍とソ連軍との間で限定戦争が行われました。いわゆるノモンハン事件（ノモンハン戦争）です。日本軍は一個師団（しだん）が壊滅するという手痛い敗北を喫しました。

写真5-18　旌忠碑の戦没者刻銘

　以上が、旌忠碑の建立当初に刻まれた戦没者です。しかしその後も日中戦争は継続し、旌忠碑に刻まれる戦没者の氏名も増え続けました。そして一九四一年十二月、日本はついにアジア太平洋戦争に突入しました。すると学院同窓の戦没者はさらに増加し、最終的には一六八人の氏名が旌忠碑に刻まれるに至りました。ただし一九四四年三月ころまでの戦没者が刻銘の対象であり、その後の戦没者の氏名はみられません。戦没者は陸軍に所属した者が大半を占めます。

戦没地は、日中戦争の途中までは中国本土やノモンハンに限られますが、アジア太平洋戦争の開始とともに、中国本土に加えて、フランス領インドシナ、フィリピン、アッツ島、ビルマ、ニューギニアなど、東南アジア・西太平洋方面に拡大していきます。また、「南方」「南太平洋」としかわからない戦没者も多いです。このうち、アリューシャン列島のアッツ島は、米軍の攻撃により日本軍守備隊が全滅した玉砕の島、ニューギニアは飢餓地獄で生還者が異常に少ない、想像を絶する過酷な戦場でした。

日中戦争・アジア太平洋戦争において、関西学院の卒業生および在学生のうち、二一七人が戦没し、空襲により六名が亡くなりました。

最後に、関西学院の海軍地下壕について紹介します。

関学G号館周辺（旧グラウンド）の地下に、戦争最末期に造られた海軍の地下壕が残っています。一九八八年、高等部校舎の新築工事にともない発見されました。地下壕とは、おもに空襲による被害を避けるために、地下に構築された軍事施設のことです。関学の地下壕は、幅約一・五メートル、高さ約二メートル、総延長は約七〇メートルあります。通路はかまぼこ形をしており、壁面には肌色のモルタルが塗られています。通路の途中には、御真影（天皇・皇后の肖像写真）を安置するため

写真 5-19　発見された地下壕
（関西学院大学学院史編纂室提供）

と思われる棚が設けられ、その上には海軍の紋章が彫られています。通信機能も保有したようです。

関学の地下壕は、海軍の司令室や秘密文書庫として利用する目的で、海軍の作業部隊が構築したものと推測されます。実際に使用する前に戦争が終わりましたが、本土決戦用の施設であったに違いありません。ただし、海軍のどの部門の司令室なのか、周囲の軍事関連施設とどのような関係にあったのかなど、基本的なことがわかっていません。今後の研究が待たれます。なお、海軍地下壕は現状保存されていますが、立ち入ることはできません。

写真 5-20　地下壕の海軍紋章
（レプリカ。関西学院大学学院史編纂室所蔵）

それにしても、本土決戦にならなくて本当によかったと思います。もし本土決戦が実現していたら、相当の犠牲者が出たはずです。もっとも、世界の国々の大半は隣国と地続きであり、戦争は即本土決戦を意味します。日本の場合は、沖縄を除き、厳しい地上戦を経験していません。この戦争経験の違いは、本土と沖縄との戦争認識の違いに現れていますし、世界の国々との認識の違いにも繋がると思います。戦争について、広く、そして多角的に学ぶ必要性を感じます。

戦争理解を深めるための一手段として、私は戦争体験記を読むことをお勧めします。原爆や空襲の体験談はもちろん重要ですが、これだけでは一面的です。その人の置かれた立場によって、経験した戦争の内容は異なったはずです。兵士・軍属と民間人とでは、戦争経験の内容は当然異なります。たとえば兵士についても、航空機の搭乗員と陸軍の歩兵、激戦地と内地とでは、経験する戦争は大きく異なります。

あれだけの大戦争です。当時の日本人は、実に多様な戦争経験をしました。そして、戦争経験者が書き残した体験記には、私たちが汲み取るべきことがらが多く含まれています。また、経験に基づく描写は、臨場感をもって読み手の心に迫ることでしょう。過去の戦争を追体験し、戦争について現実感を持って考えるためには、多種多様な体験記に触れる必要がどうしてもあると思います。

# 第六章　阪神・淡路大震災

## 震災当日の様子

一九九五年一月十七日の午前五時四六分、淡路島北部の明石(あかし)海峡海底を震源とする、兵庫県南部地震が発生しました。地震の規模はマグニチュード七・三。さほど大きくありませんが、直下型地震でしたので、地上は激しく揺れました。そのため、神戸市や西宮市などでは多くの建物が倒壊し、六、四三四人もの死者が出てしまいました。この地震による災害を、公式には「阪神・淡路大震災」と呼称します（以下、阪神大震災と略称）。直下型地震が都市を直撃したらどういうことになるのか。我々は多くの犠牲者を出すと同時に、大変重く貴重な教訓を得ました。

経験者にとっては忘れがたいこの震災ですが、現在の大学生以下の若者たちにとっては、教科書に出てくる過去の出来事となっています。かれこれ二〇年以上も前のことになりますから、当然といえば当然でしょう。震災の記憶の風化は確実に進行しています。そこで本章では阪神大震災について、現代史の重要な一齣(ひとこま)として、私の経験・見聞を中心に述べていきます。

震災当時、私は関西学院大学文学部の四回生（四年生）でした。大学に隣接する上ケ原山手町（西宮市）の文化住宅に下宿し、それなりの学生生活を送っていました。下宿した部屋は、木造二階建て文化住宅の一階にありました。震災の日は連休明けの火曜日でした。残り少なくなった授業に出席し、二月中旬から始まる定期試験を乗り切れば、多分卒業できるであろうという時期でした。

震災当日の明け方、私は就寝せずに起きていました。不意に天井がカタカタと小刻みに震え出しました。何だろうと思い天井を見つめていますと、振動はすぐに大きくなり、そして、いきなり部屋が大きく揺さぶられました。今までに経験したことのない大きな揺れでした。板の上に家があって、それが板ごともみくちゃに揺らされたような感じです。驚くと同時に身の危険を感じました。急いで電気ストーブを消し、机の下に頭を突っ込みました。激しく揺れ動くなか、部屋が真っ暗になりました。停電です。その直前に、信じがたい光景なのですが、

写真 6-1　地震直後の部屋

部屋の畳が波打つさまを見ました。これは忘れがたいです。日ごろ教えられてきたように（私は関東人です）、玄関のドアを開けて脱出路を確保することなどは、とてもできませんでした。物理的に動けないのです。本棚が倒れ、本やら置物などが降りかかってきました。とにかく揺れが収まるのを必死になって待ちました。怖ろしいと感じる暇がありませんでした。

やがて揺れが収まりました。部屋の様子は暗くてわかりません。本棚がほぼ倒れてしまったので、玄関口に出るのがひと苦労でした。ようやく部屋の外に出ました。外はまだ真っ暗だったよ

うに記憶しています。下宿の前に停めてあった乗用車から、カーラジオの声が聞こえてきました。ラジオ放送の内容は覚えていませんが、神戸方面を中心とする大きな地震が発生したことを知ったのだと思います。災害時にはラジオが役に立ちます。なお、テレビニュースでは、神戸の震度がなかなか表示されなかったそうです。神戸は被災地でしたので、現場の混乱などで、すぐには震度が判明しなかったのでしょう。

そのうちに日の出で周囲が明るくなりました。下宿のすぐ近くの田んぼ越しに街の方向を眺めました。煙が上がっていました。それを見て私は、「あれだけの揺れだったのだから、少しの火事くらい起こるだろう」と思いました。そのころ、被災地は地獄の最中（さなか）にありました。上ケ原の一部もそうでした。

朝方、近所の公衆電話から関東の実家に電話をかけ、関西で大きな地震があったが私は無事であることを手短に伝えました。なぜだかわかりませんが、一応連絡しておこうと思ったのです。これは結果的に大変よかったです。その後、電話は非常に通じにくくなり、安否確認に時間がかかるようになりました。災害時には公衆電話の回線が優先されます。なお、当時は固定電話の時代でした。携帯電話はまだ普及せず、スマホは存在すらしていません。

震災当日は一日中、頻繁（ひんぱん）に余震がありました。震度四くらいと思われる強い余震もありました。強烈な地震がまた来たのかと、初め

写真 6-2　地震当日の夜明け（上ケ原）

写真 6-3　家屋の被害（上ケ原八番町）

のうちはいちいち緊張していましたが、次第に余震疲れとでもいいましょうか、何だかどうでもよくなってしまいました。ついには「なるようになれ」と半ばヤケクソになり、余震中でも部屋でじっとしてました。

上ケ原台地は概して地盤が固く、当時の印象としては、倒壊した家屋はそう多くはなかったです。私が住んでいた山手町のあたりは、昔からの居住地だけあって、倒壊家屋は見られませんでした。揺れの規模は震度六弱くらいだったでしょうか。上ケ原台地を下ると揺れが強くなり、とくに阪急電鉄今津線の甲東園駅や西宮北口駅の周辺は震度七でした。揺れの厳しかったところでは、最初に「ドーン」と強烈に下からの突き上げがあり、それから激しく横揺れしたそうです。この下からの突き上げは、私は経験していません。地震波の伝わり方は地盤の性質によって変化します。ですから、揺れの大きさは地域によって異なりました。

写真 6-4　八幡神社（上ケ原）

電気は日中に復旧しました。近所のコンビニでおにぎりを購入しました。コンクリートの柱にヒビが入る店舗に、ちょうど搬入されたところでした。店員は消費税をとらず、食糧を売ってくれました。関学の学生寮前の道路はガス漏れで封鎖です。寮生が自主的に交通整理をしていました。私の下宿では蛇口から水が出ませんでした。水道管がやられたのでしょう。幸い風呂の残り湯があったので、これをトイレ用に使用しました。

ガスは、ガス管の破損を懸念して使用しませんでした。後日判明するのですが、私の下宿はプロパンガスを利用していたので、ガス業者による安全確認ののちに使用可能となりました

（ということは、実は当日も使用可能でした）。都市ガスを利用する家庭では、ガス管の復旧に時間を要し、ながらくガスを使用することができませんでした。災害時には、近代的な都市ガスよりも旧式のプロパンガスの方が強いです。大学の授業は休講を決め込みました（実際、休講でした）。

上ケ原山手町で地震に遭遇した私には、地震の被害は限定的に思えました。多少の死傷者は出たであろう、それくらいの認識です。そのころ、同じ上ケ原において、倒壊した下宿などで懸命の救助活動がなされていたことは、まったく知りませんでした。

### 震災二日目

写真 6-5　東光寺（通用門）

写真 6-6　倒れた自販機（東光寺付近）

翌十八日は近所の状況を確認すべく、カメラを手に外出しました。下宿のある上ケ原山手町から阪急電鉄今津線の門戸厄神駅方面へ向かいました。聖和大学（現関西学院大学教育学部）の正門前を通り、門戸厄神として知られる東光寺の脇の坂道を下りました。道路のアスファルトの裂け目から水が流れ出てました。水道管の破裂でしょう。坂道に面した東光寺の通用門は崩れ落ち、表門前の石燈籠は笠の部分が転げ落ちてました。十八日・十九日は「厄神さん」の縁日（東光寺の厄除け大祭）ですが、中止の

写真 6-7　崩れた長屋門（東光寺付近）

写真 6-8　東光寺（表門付近）

貼紙が掲示されてました。東光寺から門戸厄神駅に向かう途中、ジュース類の自動販売機が何台か倒れてました。自販機は倒れるものだと初めて知りました。

門戸厄神駅に到着しました。ホームの寸前で列車が停止しています。脱線したそうです。駅前の踏切から西宮北口駅の方向をうかがうと、すぐ先の線路上で何やら工事をしていました。国道一七一号が今津線の線路を道路橋でまたぐ所があります。この道路橋が地震によって、橋桁（はしげた）部分からすっぽりと線路上に落下してしまったのです。私が見たときには、落下した部分の解体作業が行われていました。駅の周囲には、さほど倒壊家屋は見受けられませんでした。

甲東園駅へ向かって歩きました。新幹線の高架橋（こうかきょう）が落ちているのが見えまし

写真 6-9　東光寺門前の様子

写真 6-10　門戸厄神駅

写真 6-11　門戸厄神駅前（東側）

写真 6-12　ダイエー西宮店(門戸厄神)

写真 6-13　国道 171 号の道路橋

写真 6-14　上ケ原小学校（車で避難）

写真 6-15　緊急車両

た。甲東園駅の手前（南側）で山陽新幹線の高架橋が今津線を東西に横切ります。その高架橋が斜めに落下しているのです。線路部分を支えるコンクリートの柱がひどく破壊されていました。今津線より東側の高架橋も柱が壊れ、傾いてました。もうボロボロです。この状況を見て私は、「だらしがない」と思いました。なぜならば、日本が世界に誇る新幹線の高架橋が、周囲の家屋よりも先に崩れたからです。地震の凄まじさよりも、「技術大国」を自負する日本の技術力に疑問を抱きました。

甲東園駅に着きました。駅の東側正面には、かつて一階がショッピングセンターになっているビルがありまし

写真 6-16　国道 171 号の道路橋（1/19）

写真 6-17　新幹線高架橋
（甲東園付近、上下とも）

た。そのビルの一階部分が潰れていました。隣接する商店街は、電柱が傾き、店舗は倒壊していて、まるで爆撃を受けたかのように見えました。

甲東園駅から上ケ原に戻りました。その途中で、門戸厄神駅の東側にあるダイエー西宮店の前を通りかかりました。買い物客が長蛇（ちょうだ）の列をなしてました。コープ甲東園にも行列が見られました。皆、食糧・水などが必要なのです。店舗側も、交通状況が非常に厳しいなか、食料品などの搬入に努力したそうです。

上ケ原を少し広く歩いてみました。重い瓦を載せた古い家屋や長屋型下宿などが、所々で潰れていました。壁にヒビが入ったり、屋根瓦の落ちてしまった家屋は、それこそ何軒も見られました。外から見ただけですが、比較的新しい家屋は無事であり、古そうな家屋は何らかの損害を被っていることが、次第にわかってきました。一軒の長屋型下宿が倒壊している現場に接しました。一階が潰れ、二階が一階になっています。ここで関学生が亡

写真 6-18　甲東園駅東側

写真 6-19　甲東園駅東側

くなったそうです。今でも不思議なのですが、そこで人が亡くなっているかもしれないことに、当時の私は思い至りませんでした。単純な想像力に欠けていたのでしょう。あとで事実を知り、人ごとではないと思いました。以前、似たような長屋型下宿に私も住んでいたからです。

この震災で関学生が一五人亡くなりました（神戸大学は三九人。最大の犠牲者を出しました）。一四人が下宿で亡くなり、そのうちの一〇人は上ケ原に下宿してました。私のやや遠い友人ですが、法学部四回生の西部直行君もその一人です。彼は上ケ原の下宿（奥田荘）で亡くなりました。西部君とは十二月に会ったばかりでした。大学の生協前でばったり出会い、互いの進路について報告し合い、「もう会うことはないだろうが達者でな」と挨拶を交わして別れました。今でもその時のやりとりをよく覚えています。なお、追悼文集『風に想う　関西学院、阪神・淡路大震災　学生・教職員犠牲者追悼文集』には、震災で亡くなった関学の学生・教職員に対する、

写真 6-20　倒壊家屋（上ケ原三番町）

写真 6-21　長屋型下宿
（上ケ原　地点不明）

写真 6-22　倒壊家屋（上ケ原五番町）

写真 6-23　地すべりの現場（仁川百合野町）

周囲の痛切な想いが記されています。

## 仁川百合野町の地すべり

部屋に戻ると、上空をヘリコプターが二機ほど、騒音をまき散らしながら飛来し、近所の仁川のあたりで旋回していました。ヘリコプターが旋回する中心点の下で何かが起こっていると考え、とりあえず見に行きました。途中で上ケ原の八幡神社に立ち寄りました。石燈籠の笠が落下し、二の鳥居は一部が破損していました。

仁川の右岸（南側）に出ました。土砂が木や岩石とともに付近一帯を埋めています。堆積した土砂の中から煙が出ていました。崩落してきた土砂に押し潰され、埋もれてしまった家屋が火事となり、その煙が地中から出ているのです。異様な光景でした。

左岸（北側）に出てみると、現場全体の様子がわかりました。関学裏手の高台に、神戸市水道局上ケ原浄水場と阪神水道企業団甲山事業所があります。後者の甲山事業所と仁川との間が斜面になっていて、その麓の一部

写真 6-24　地すべりの現場（機動隊が到着）

写真 6-26　地すべり後の現場
（地すべり資料館提供）

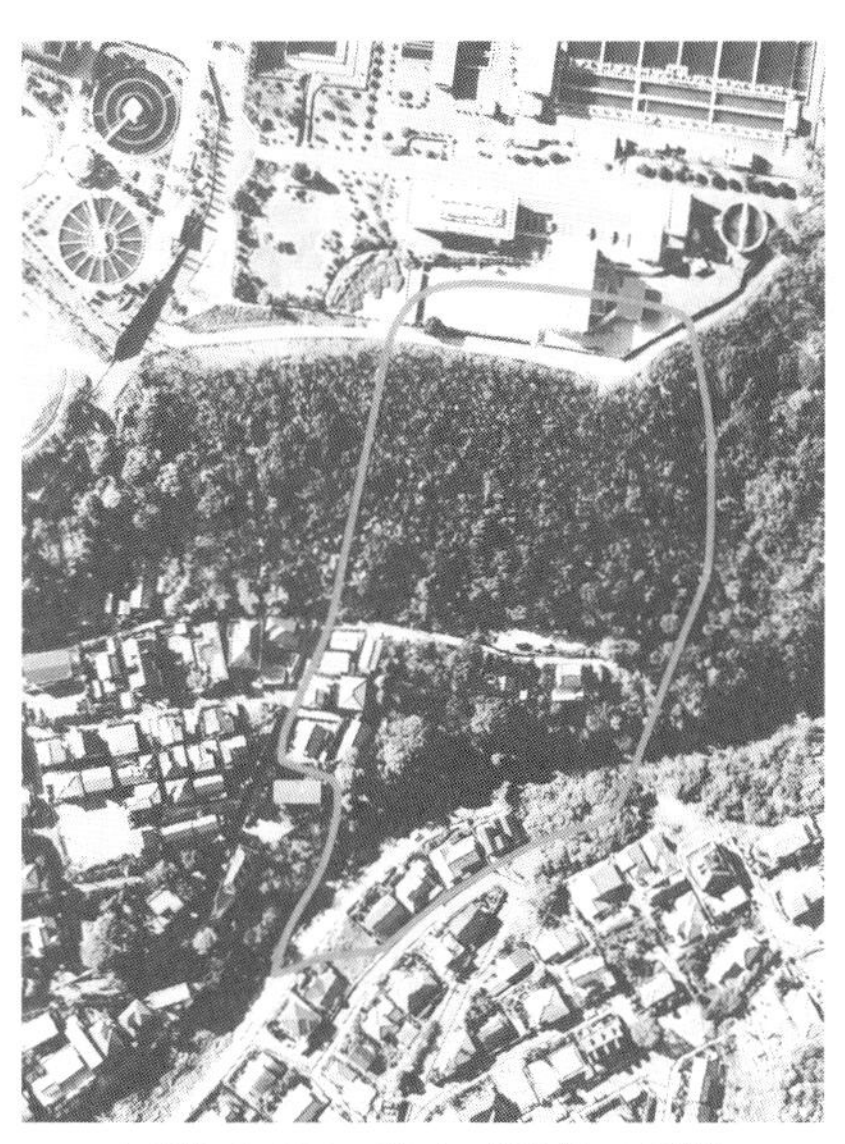

写真 6-25　地すべり前の現場
（地すべり資料館提供）

写真 6-28　捜索作業

写真 6-27　家屋の跡（門柱のみ残る）

が住宅地（西宮市仁川百合野町）になっていました。この斜面が昨日の地震の直後に地すべりを引き起こし、滑落した大量の土砂が麓の住宅地を直撃したのです。土砂はさらに仁川の対岸へ押し寄せ、数軒の家屋（同仁川町六丁目）を押し潰しました。

この地すべりによって三四人の人々が犠牲になりました。現場には土砂が何メートルも堆積し、ショベルカーがかつて家屋のあった場所を掘っていました。警視庁の機動救助隊（R一一〇）、機動隊、自衛隊の隊員たちが、現場で救助活動に従事していました。

とにかく、堆積する土砂の迫力に圧倒されました。そして、これはまず助からないと実感しました。カメラのシャッターを切ることに躊躇しましたが、自分なりの記録を残すことを考え、撮影しました。作業を見守る近所のおばちゃんに、「学生さんかい？　ちゃんと撮ってな！」と、真剣にいわれました。その言葉を励みとして救助の様子を記録撮影しました。

目の前で、おそらくは埋もれた住民を捜すべく、ショベルカーが土砂を掘り下げ、機動隊員らがスコップで作業を進めました。カメラのシャッターを押す指が震えたことを覚えています。やがて、毛布を敷いた担架が近くに用意されました。所在が確認されたのかもしれません。その様子を自分の目で確かめたくもありましたが、もういいだろうと思い、その場を離れました。

### 震災三日目

給水車が来ていると下宿の先輩が教えてくれたので、空のポリタンクを借りて、近所の上ケ原南小学校に行きました。小学校の校庭に、水の入った小さめのポリタンクをいくつも搭載したトラックが来ていました。住民たちは各自で用意した容器を持参し、当座凌ぎの水を分けてもらいました。下宿までさほど距離はないのですが、ポリタンクの水は大変重たかったです。校庭には地割れが見られました。

十九日は西宮北口方面へ向かいました。神戸が大変なことになっていることは、ニュースで知っていました。神戸の様子をこの目で確認すべきかどうか迷いましたが、わざわざ悲惨な現場を見に被災地へ赴く気にはなれず、自分の生活圏における状況を記録することにしました。もっと広く震災の現実を見ておくべきではなかったのかと、今でも時々考えてしまいます。

門戸厄神駅まで出て、西宮北口駅へ向かいました。落下した国道一七一号の道路橋は、早くも撤去されていま

写真 6-29　水の配給（上ケ原南小学校）

写真 6-30　線路上を歩く人々（西宮北口）

した。線路沿いの家屋が倒壊し、線路上になだれ込んでしまったものも見られました。線路沿いの道は倒壊した家屋で歩きにくそうです。そこで線路の上を歩くことにしました。このような災害時には、障害物の少ない線路が歩きやすいです。西宮北口駅に近づくにつれて、線路沿いの倒壊家屋が多くなってきたように記憶しています。

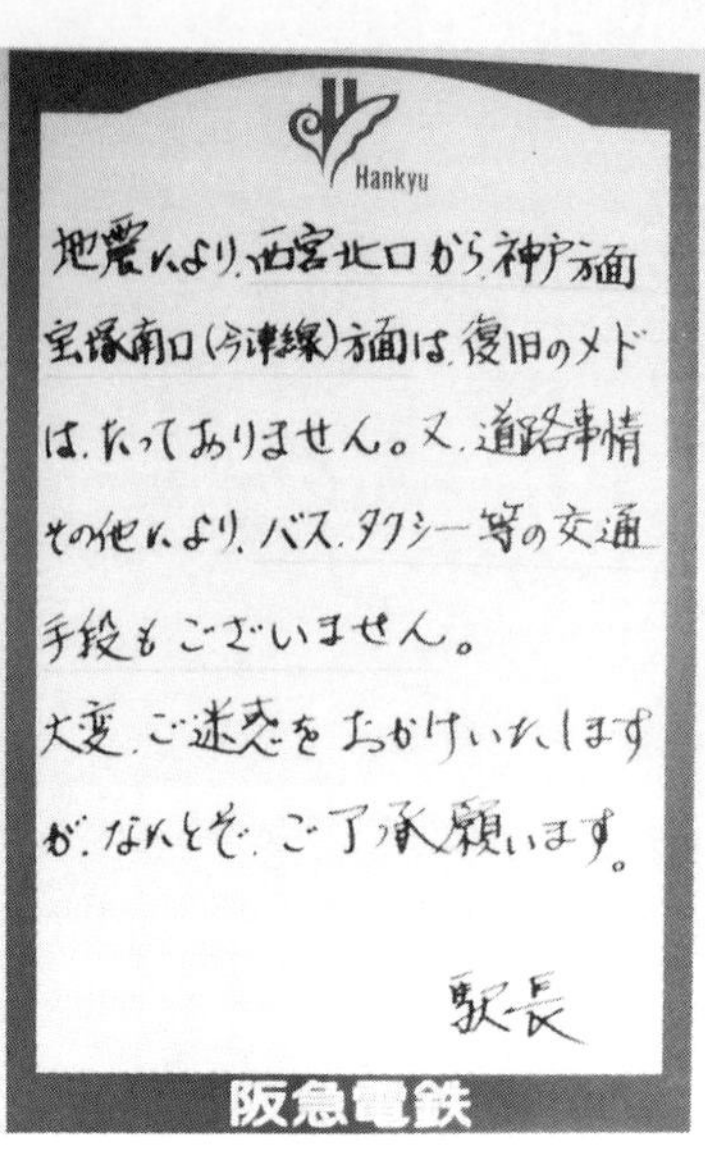


写真 6-31　西宮北口駅の掲示

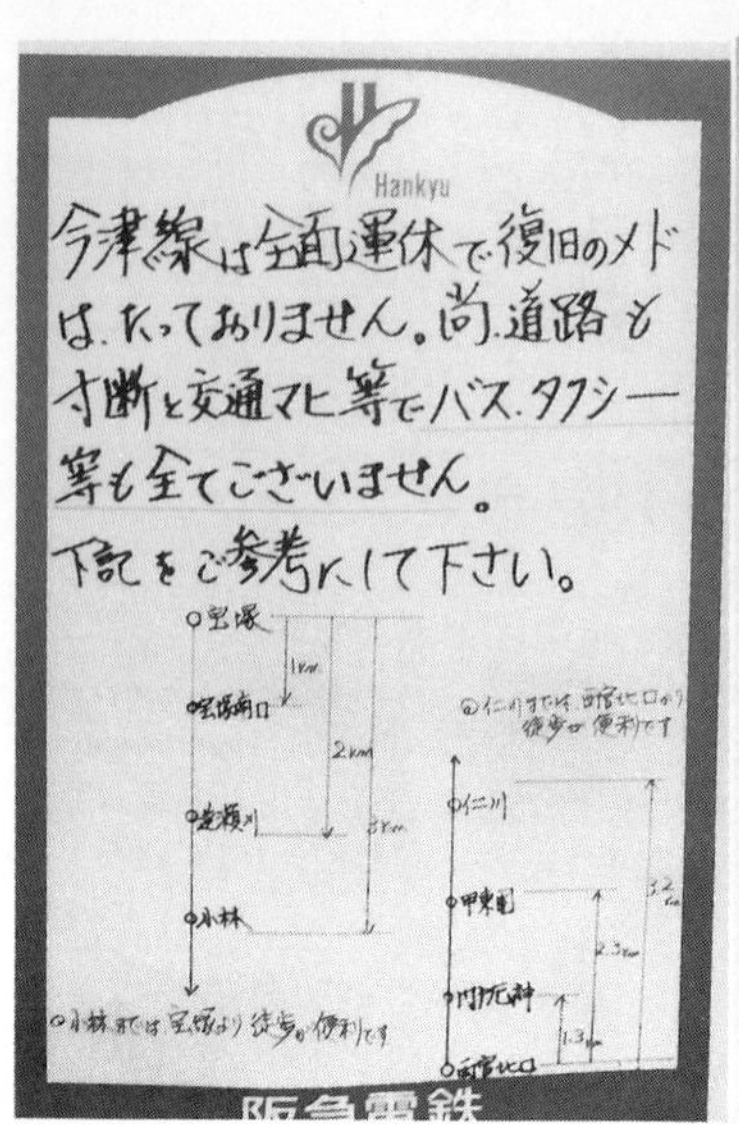


写真 6-32　同右

西宮北口駅に到着しました。駅前のロータリーには人が大勢いました。神戸方面への移動手段がない旨、いくつか掲示がありました。当時、阪急電鉄は大阪の梅田駅から西宮北口駅まで運転していました。西宮北口から西の神戸方面と、北の宝塚方面が不通でした。ですから、西宮北口駅が神戸方面への最前線ということになります（ＪＲ西日本と阪神電車の状況は知りませんでした）。

西宮北口駅周辺ですが、西側はさほど被害を受けていないように見えました。証券会社のビルの一階が潰れていました。きっと一階部分の構造が脆弱だったのでしょう。所々で古い家屋が潰れてました。

今度は駅の東側へ向かいました。踏切を渡り、北口本通りという商店街に入りました。所々家屋が倒壊していましたが、大半が無事のように見えました。ですが、何か違和

写真6-33　北口本通り（西宮北口）

感を覚えました。よくよく見ますと、一階部分が潰れている商店が並んでいるのです。幸いなことに、地震発生時に住民の多くは、店舗の二階で眠っていたそうです。バラバラになった建築資材が積み上げられた宅地もいくつか見られました。おそらく、倒壊した家屋を重機などでかき分け、住民を救出したのち、建築資材などを敷地内に積み上げたのでしょう。私が見た北口東側の地域は、現在のショッピングモール「アクタ西宮」のある一帯です。震災後、再開発されてしまいました。

その後、西宮北口駅から阪急電鉄神戸線に乗って梅田駅まで出ました。満員の車内は重苦しい空気に満ちていました。目の前に座っている年配の女性は、「店が潰れてしもうた……」と何度も嘆いていました。この重苦しい空気は、戦時中に空襲で焼け出され、避難する人々で満員の電車内もかくやと思わせるものがありました。

梅田駅に到着しました。駅のホームは、救援物資な

写真 6-37　西宮北口駅

写真 6-34　線路沿いの家屋（北口町）

写真 6-38　北口本通り（西宮北口）

写真 6-35　線路沿いの家屋（北口町）

写真 6-39　北口本通り（西宮北口）

写真 6-36　にしきた商店街（西宮北口）

どの荷物を手にした人々でいっぱいでした。きっと西宮北口駅まで電車で移動し、そこから各自の目的地まで歩くのでしょう。車窓から眺めた大阪の街の様子は日常そのもので、不思議に思えました。淀川から東は被害がほとんどなかったのです。そして私は、京都まで出てから新幹線に乗って、関東の実家へ帰りました。

## 地震災害の教訓

以上が私の経験した阪神大震災です。結局、私は被災地に三日間だけ暮らし、その後は両親の住む実家に帰りました。帰るべき家があるということは、被災時にはとくにありがたいことでした。けれども、被災地に根を張って生きてきた人々は、生活の再建という重い課題を背負って、被災地で生きていくほかありません。また、自宅が倒壊したとか、隣近所が壊滅したとか、埋もれた人や遺体を瓦礫の山から引きずり出したとか、そうした凄惨な経験を私はしていません。その意味では傍観者に近い立場にありました。また、私たちの日常生活は実に危うい基盤の上にあり、この程度の地震で簡単に覆るということを知りました。社会を築くには多くの労力と時間が必要ですが、壊れるときは一瞬です。地震だけではなく、戦争によってもです。

　さて、震災の教訓はたくさんありますが、地震に対する普段からの心構えがもっとも大切だと考えます。日本列島はしばしば「災害列島」といわれるように、地震や津波、火山の噴火、台風など、世界の中でも自然災害が多発する地域です。地球の表面を覆うプレートのうちの四つ（太平洋・北アメリカ・フィリピン海・ユーラシアプレート）が交差し、その運動によって地震が起き、火山が噴火し、地殻が隆起して、日本列島が形成されました。地球が生きている限り、プレートの動きは止まることはありません。日本列島は現在も形成途上にあります。そして列島の地下には、プレートに圧迫されて形成されたひび割れがたくさんあります。これが断層です。

地震はプレートの境界付近や断層で発生します。したがって、日本列島において地震・津波・噴火を避けて生きていくことは、まず不可能です。私たちはこのことを肝に銘じておかなければなりません。

しかしながら、震災前の関西では、「関西は地震がないから大丈夫」と、これといった根拠があるわけでもないのに、よくいわれていました。実際、私もしばしば耳にしました。社会全体が地震に対して完全に油断していたといわざるをえません。そのため、不意に地震に遭遇して驚いた人々は、自動車で移動して幹線道路を大渋滞で塞いでしまい、緊急車両の通行が阻害されて救助活動が遅れるなど、人命にかかわる失態を演じてしまいました。また、就寝中に倒れてきたり吹き飛んできた家具と接触し、死亡・負傷した人もかなりの数にのぼります。強烈な揺れで、部屋の隅にあったテレビなどが文字通り飛んできたそうです。けれども、こうした事態は、地震への心構えがあれば回避できたことでもあります。

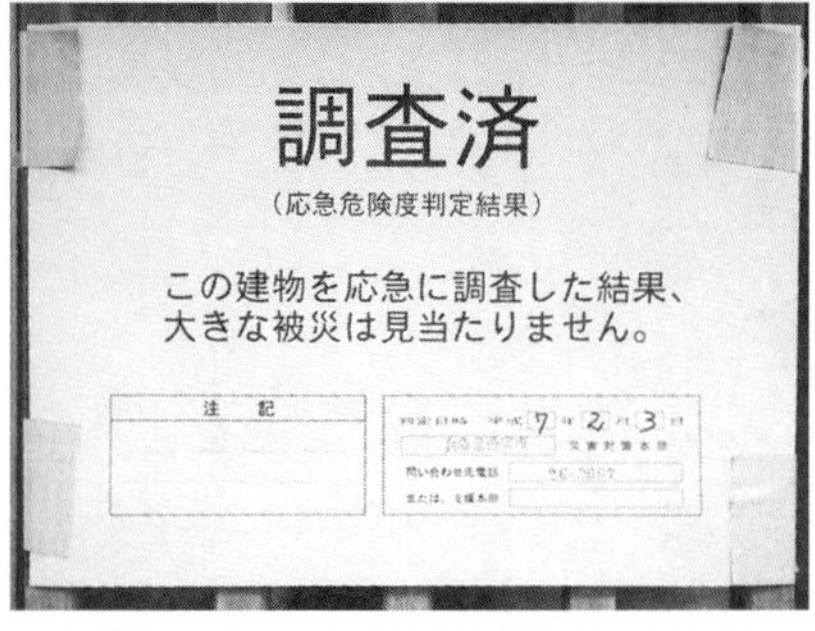


写真 6-40　応急危険度判定の貼紙
(2/6)

大地震は必ず起こるし自分も経験する。このように認識した上で、まずは自分が生き残るにはどうしたらよいのか、日ごろから考えておくべきでした。こうした危機意識が人々の間で共有されるだけで、地震への社会的取り組みは大きく前進すると思います。反対に、より多くの人々が現実的な危機感を持たない限り、政府による真剣な震災対策は、多分、なされることはないでしょう。

また、自然災害における人災の側面についても考えてほしいです。一例をあげると、仁川百合野町で発生した地すべりは、谷を埋め立てたことに起因するようです。地すべりの現場はかつて小さな谷でした。これがある時期に、土砂でもって人工的に埋め立てられ、見た目はきれいな斜面になりました。しかし盛土（もりど）の地下ではかつての谷地形が生きており、そこに地下水が溜まった結果、地下水に盛土が浮かんだような状態になりました。そして地震の揺れを契機に、浮いた盛土が一斉にすべり出して、人家を巻き込む地すべりになったと推測されています。つまり仁川の地すべりは人災であった可能性が非常に高いのです。いったい誰が責任を取るのでしょうか。

液状化現象の被害を被った人工島のポートアイランドや六甲（ろっこう）アイランド（ともに神戸市）もそうですが、自然地形は人間の手で大きく改変されても、何かのきっかけで元に戻ろうとします。無理な開発のツケは、開発と直接関係しない人々が払わされることになります。

写真 6-41　慰霊碑（仁川百合野町）

震災後、地すべりの現場は、二度と崩壊しないように防止措置が厳重に施されました。またその一角には、地すべりについて学ぶことができる仁川百合野町地区地すべり資料館が開設されました。これらは仁川での出来事を後世に伝える施設といえるでしょう。けれども、我々はこの出来事を「過去の悲劇」として済ましてしまわぬよう、心すべきではないでしょうか。資料館のすぐ隣り（下方）、地すべりの現場を見下ろす場所に、亡くなった人々の慰霊碑がひっそりと立っています。

倒壊した新幹線の高架橋も問題です。山陽新幹線は一九七二年に新大

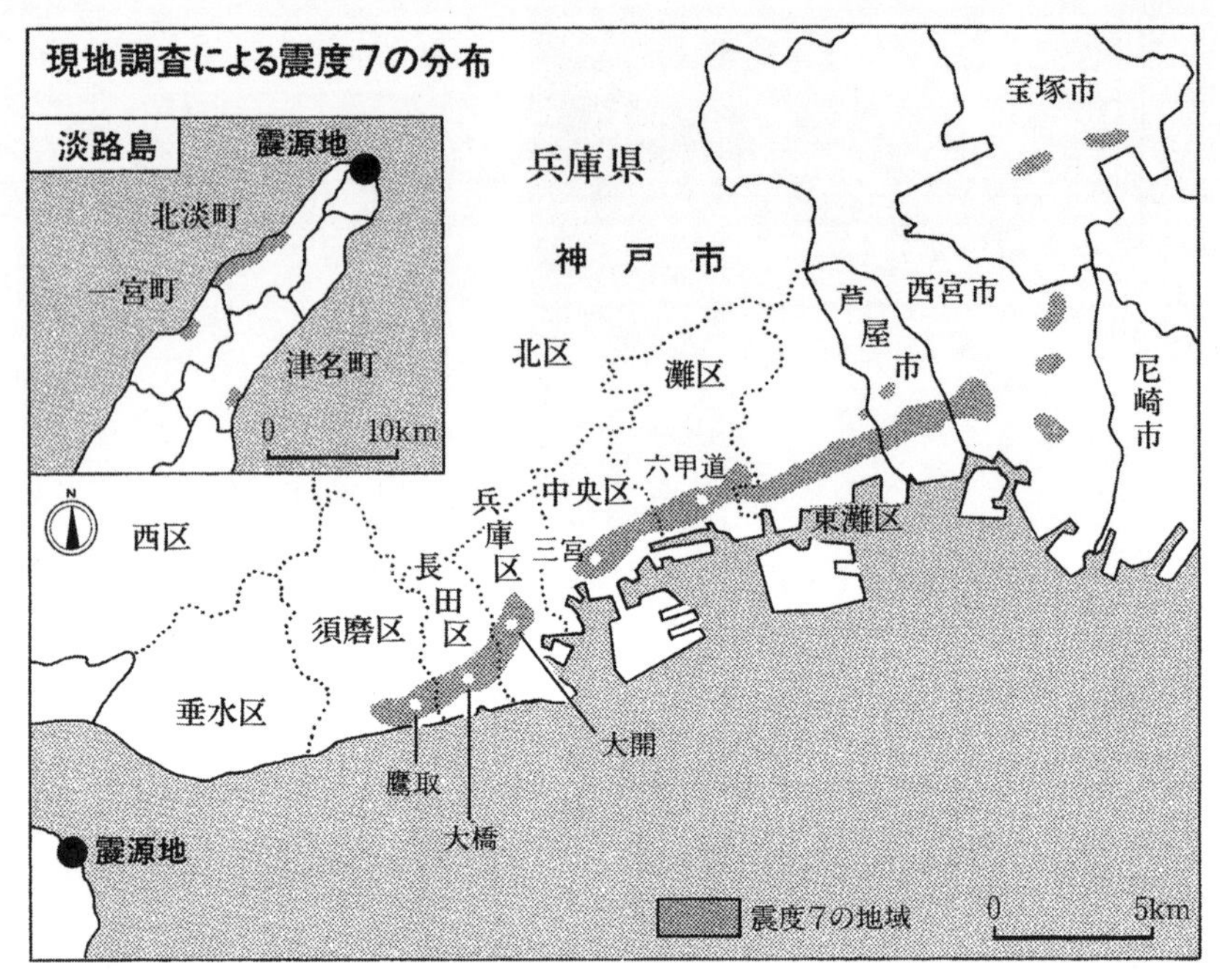


図 6-1　震度 7 地帯
（神戸新聞社編『大震災 地下で何が』より転載）

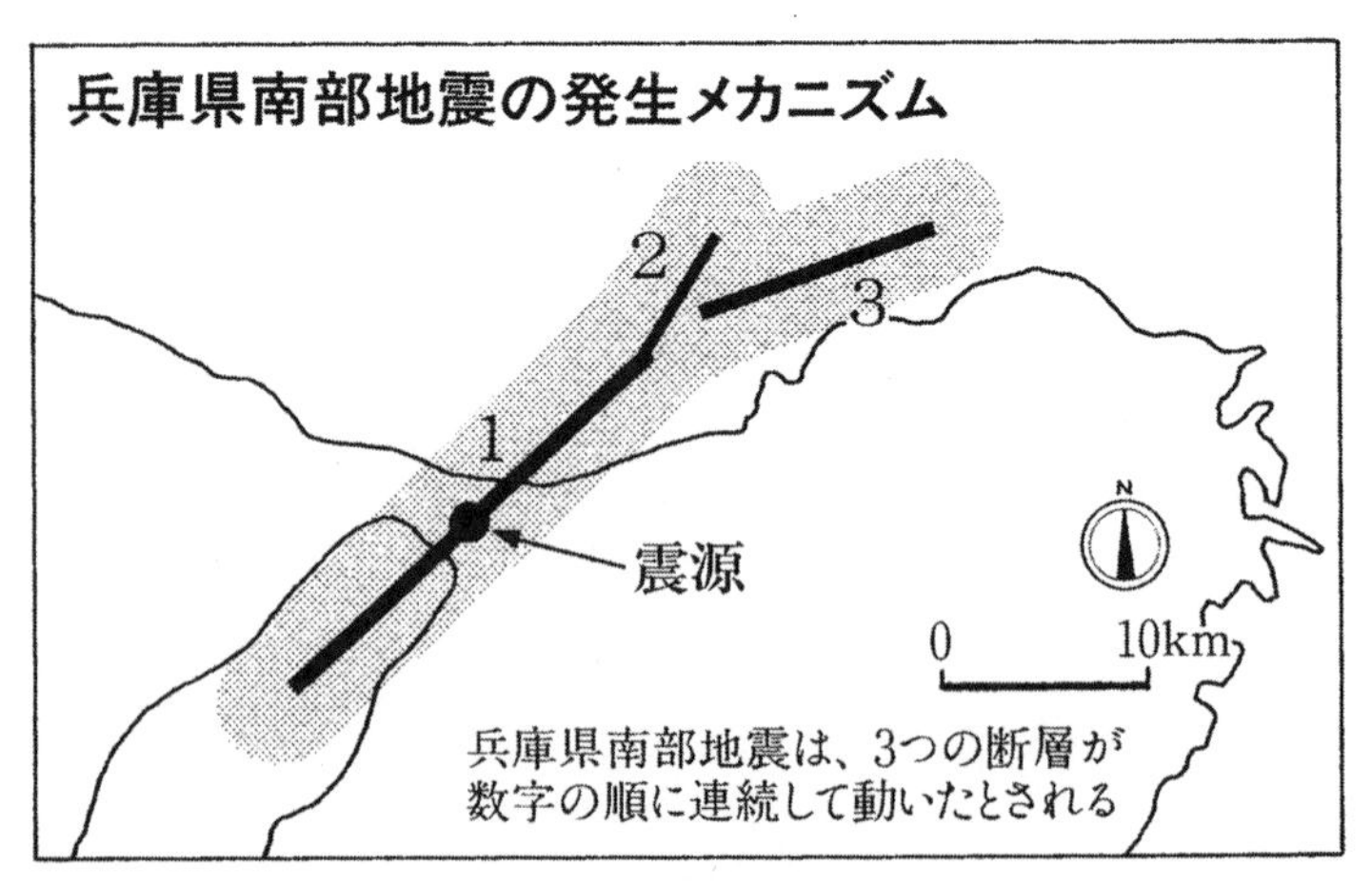


図 6-2　地震発生の構造
（神戸新聞社編『大震災 地下で何が』より転載）

阪―岡山間が開通しました。ところが、コンクリート製高架橋の劣化が異常な速度で進展し、非常に危険であることが、震災前から専門家により指摘されていました。コンクリートの素材に塩分を多く含んだ海砂を塩抜きせずに大量に使用したり、手抜き工事で設計上の強度が保てなかったりと、かなり杜撰なことがなされていたそうです。新幹線は日本列島を貫く重要なインフラですが、とりわけ山陽新幹線は脆弱で危険な代物だったのです。今回の地震で倒壊したのもうなずけます。震災後、高架橋の補強工事がなされましたが、これは問題解決の先延ばしにすぎません。

写真6-42　新幹線高架橋と通行人（甲東園）

大規模な災害や戦争などの非常時には、その社会の矛盾が表面化することが多いです。戦時中の日本がそうでしたし、阪神大震災の場合も同様でした。多くの人々が震災で亡くなりましたが、そこには社会的・経済的な格差が如実に反映されていました。所得の低い家庭や高齢者・学生たちは、地盤の脆弱な地域にある、家賃は安いが古くて危険な木造アパートなどに住んでいました。そして、その多くが地震により倒壊したのです。他方、比較的新しい家屋はあまり倒壊しませんでした。すると、人々の生死を分けた要因の一つは経済力の差であったことになります。

社会的・経済的格差の問題は、震災前のバブル経済の時代においても、厳然と存在していましたが、社会的にはあまり注目されてきませんでした。この潜在化した問題を震災が炙り出したといえるでしょう。非常に残念なことですが、人の生死には格差があることを知りました。

住む家を失った被災者は、親類宅に一時避難したり、地域の運動場などに急造されたプレハブの仮設住宅に収容されたりしました。ところが、避難先の仮設住宅において亡くなる中高年者が続出しました。避難生活による住環境の急変で病状が悪化して亡くなる高齢者、近隣関係の断絶や将来への絶望などにより孤独死する単身者などです。このような避難先での病死・孤独死・自殺などは震災関連死として扱われ、社会的にも注目されました。九〇〇人以上が亡くなりました（実際には、さらに多数に及んだものと推測されます）。

自宅が倒壊しなくても、居住するには危険と判断された場合は、新しい家を探さなくてはなりません。住めなくなった住宅のローンと、生きていく上で必要な新規購入住宅のローンと、二重ローンで苦しむ人も多く発生しました。被災地は表面的には比較的早期に「復興」されましたが、人々の様々な苦悩は、かえって社会の表面から見えにくくなったように思えます。

写真 6-43　建設中の仮設住宅（2/10）

こうしてみると、大地震は常に相応の被害を社会にもたらしますが、その被害を拡大させ、あるいは長期化させるのは、社会の側に問題があるからといえそうです。地震災害の前では社会のごまかしは通用しません。必ず社会の脆弱な部分が突かれ、社会的弱者に被害が集中します。同じことを逆にいうと、地震災害で露呈するような部分にこそ、その社会の問題点が集約されていることになります。震災の経験は、それが直接的であれ間接的であれ、私たちの、社会をみる目を鍛える効果があると思います。だからこそ震災について学ぶ意味があると私は考えています。

　歴史をひもとけば、古来、列島各地では数多くの地震が発生し、記録されてきました。たとえば鴨長明の『方丈記』には、元暦二年（一一八五）七月に発生した京都の震災が描かれています。文禄五年（一五九六）閏七月に発生した伏見地震は、豊臣秀吉の居城伏見城が崩壊し、秀吉が命からがら避難したことで有名です。この地震は山科言経の日記『言経卿記』などの諸書に記録され、また、加藤清正が秀吉のもとに駆けつけて忠義を示す「地震加藤」の逸話で広く知られています。

　このように記録をたどれば、関西圏でも地震が発生していたことが容易にわかります。地震に関する記録類は、各地域にきっとあると思います。なお近年では、遺跡の発掘にともなって検出される液状化現象や地割れの痕跡から、文字記録のない縄文・弥生時代に発生した地震の存在も確認されるようになりました（地震考古学）。

写真 6-44　関学・日本史学研究室（2/9）

　地震に関する記録類がそれなりに存在するにもかかわらず、戦後社会が大地震への備えを基本的に怠ってきたことは、不思議にすら思えます。この危機意識の欠如には一応の背景があります。阪神大震災を経験するまで、第二次世界大戦後の日本は、一九四八年の福井地震（死者三、七六九人）を最後に、大規模な震災を経験していません。それは、日本列島がつかの間の地震活動の静穏期にあったからです。この間、日本は驚異的な経済成長をとげ、世界屈指の経済大国に成長しました。戦後日本の経済的「成功」は、日本人の努力と様々な条件が揃うことで達成されました。その前提として、大規模な地震災害のない、安定した国土において経済活動に専念することができたことは、一般にはあまり意識されていませんが、非常に重要であったと考えられます。

しかしながら、地震活動の静穏期と高度経済成長期との時期的な合致は、偶然そうなっただけであり、つまりは幸運であったにすぎません。本来は経済活動とともに、来るべき大震災への備えを何重にもしておくべきでした。ところが、日本社会は一貫して経済成長をのみ追い求め、震災対策などの社会にとって必要な部分はなるべく考えようとしない、視野が狭く危機に脆い社会になってしまいました。地震についていえば、静穏期にあったという幸運に甘えすぎ、思考停止の状態にあったと思います。

やがて日本列島は再び地震の活動期に入り、日本社会は経済成長を過度に追い求めてきた代償を払うべき時期に突入しました。一九九五年の阪神大震災がその第一弾であり、二〇一一年の東日本大震災が第二弾となりました。次は、太平洋岸を大津波が襲う南海トラフ巨大地震（東海・東南海・南海地震）や、人口過密の首都圏を直撃する直下型地震（関東大震災）などでしょう。富士山の噴火もありそうです。これらは近年、ようやく懸念されるようになりました。南海トラフ巨大地震の発生確率は今後

写真6-45　関西学院救援ボランティアの掲示（於宗教センター　2/6）

三〇年間で七〇%といわれています。これは、まず発生するということです。首都圏の直下型地震の発生も確実視されていますが、その被害は日本にとって致命的なものになるかもしれません。無策の代償は非常に高くつくはずです。なんとも憂鬱な話ですが、これが現実です。私たちは新たな原発事故も懸念される、大変な時代に生きているのです。

大地震による被害を完全に防ぐことは無理ですが、なるべく抑制していく減災は十分可能です。この減災の思想を基本に据えて、早急に社会全体で震災対策に取り組む必要があります。そのためには、やはり過去の事例に学ぶことが重要となるでしょう。歴史とは人類の経験の積み重ねであり、貴重な教訓の宝庫です。この先人たちの豊かな経験に学ぶことにより、私たちは現在をよりよく理解し、未来に生かすこともできます。阪神大震災の事例はこのことを教えてくれます。

# 参考文献

## 全体にかかわるもの

『日本歴史地名大系第二九巻Ⅰ　兵庫県の地名』（平凡社　一九九九年）
『西宮市史』全八巻（西宮市役所　一九五九〜六七年）
『鳴尾村誌 1889-1951』（西宮市鳴尾区有財産管理委員会　二〇〇五年）
山下忠男『町名の話―西宮の歴史と文化―』（西宮商工会議所　二〇〇三年）
大崎正雄「上ヶ原の歴史と文化財（一〜二六）」（西宮コミュニティ協会『宮っ子』所収、上ヶ原コミュニティ委員会編集・発行「うえがはら」第二三二〜二五九号　二〇〇三〜二〇〇六年　http://miyakko-nishi.com/MIYAKKO-SYSTEM/）
西宮市立郷土資料館編『新西宮歴史散歩』（西宮市文化財資料第四七号　西宮市教育委員会　二〇〇三年）
西宮市立郷土資料館編『新西宮の文化財』（西宮市文化財資料第四八号　西宮市教育委員会　二〇〇四年）
『関西学院の一〇〇年』（関西学院　一九八九年）
『関西学院百年史』全五巻（関西学院　一九九四〜九九年）
『関西学院事典　増補改訂版』（関西学院　二〇一四年）
『神戸女学院百年史　総説』（神戸女学院　一九七六年）

## 第一章　古墳のあるキャンパス

岸本直文編『史跡で読む日本の歴史2　古墳の時代』（吉川弘文館　二〇一〇年）
都出比呂志『古代国家はいつ成立したか』（岩波新書　二〇一一年）
関西学院大学考古学研究会「仁川流域の後期古墳」（『関西学院考古』第三号　一九七六年）
武藤誠「西宮市上ヶ原入組野在横穴式石室古墳の発掘」（『関西学院史学』第五号　一九五九年、のち同『兵庫県の古社寺と遺跡』所収　武藤誠先生古稀記念会　一九七七年）

武藤誠「古墳のあるキャンパス―関西学院構内古墳と私―」（『関西学院考古』第七号　一九八一年）
喜田貞吉「上代の武庫地方」（日本歴史地理学会編『摂津郷土史論』所収　仁友社出版部　一九一九年）
小林行雄「技術から見た古墳の様式」（『考古学』第五巻第六号　一九三四年）
紅野芳雄『考古小録』（西宮史談会　一九四〇年）
吉井良秀『武庫の川千鳥』（私家版　一九二一年）
川島智生「神戸女学院学舎の建築史学（Ⅰ）―計画されたキャンパス―」（『神戸女学院大学論集』第五一巻第一号　二〇〇四年）
芝川又四郎『小さな歩み―芝川又四郎回顧談―』（私家版　一九六九年）

## 上ケ原のヴォーリズ建築

山形政昭『ヴォーリズの住宅　「伝道」されたアメリカンスタイル』（住まいの図書館出版局　一九八八年）
『重要文化財　神戸女学院―ヴォーリズ建築の魅力とメッセージ〈創立一四〇周年記念版〉』（神戸女学院　二〇一三年、改訂版二〇一五年）

## 第二章　鳴尾村の義民

池上裕子『集英社版日本の歴史⑩　戦国の群像』（集英社　一九九二年）
池上裕子『日本の歴史15　織豊政権と江戸幕府』（講談社学術文庫　二〇〇九年、単行本二〇〇二年）
『わたしたちの西宮　郷土資料集「西宮のむかし　むかし」』（西宮市教育委員会　二〇一五年）
酒井紀美「水論と村落―天正二十年の摂津の水論を中心に―」（『日本中世の在地社会』吉川弘文館　一九九九年、初出は一九七六年）
阿部猛・佐藤和彦編『人物でたどる日本荘園史』（東京堂出版　一九九〇年）
蔵持重裕『中世 村の歴史語り―湖国「共和国」の形成史―』（吉川弘文館　二〇〇二年）
小山靖憲・平雅行編『荘園に生きる人々　『政基公旅引付』の世界』（和泉書院　一九九五年）

坂田聡・榎原雅治・稲葉継陽『日本の中世12　村の戦争と平和』（中央公論新社　二〇〇二年）
藤木久志『戦国の作法　村の紛争解決』（平凡社ライブラリー　一九九八年、単行本一九八七年）
藤木久志『刀狩り―武器を封印した民衆―』（岩波新書　二〇〇五年）
池享「日本中世の戦争と平和」（『一橋論叢』第一〇一巻第四号　一九八九年）

## 第三章　甲山森林公園の刻印石

朝尾直弘『大系日本の歴史8　天下一統』（小学館　一九八八年）
岡本良一『大坂城』（岩波新書　一九七〇年）
佐久間貴士編『本願寺から天下一へ　大坂』（よみがえる中世2　平凡社　一九八九年）
中村博司『天下統一の城・大坂城』（シリーズ「遺跡を学ぶ」43　新泉社　二〇〇八年）
木戸雅寿『天下布武の城・安土城』（シリーズ「遺跡を学ぶ」2　新泉社　二〇〇四年）
小島道裕『信長とは何か』（講談社選書メチエ　二〇〇六年）
『ヒストリア別冊　大坂城再築と東六甲の石切丁場』（大阪歴史学会　二〇〇九年）
関西学院大学考古学研究会「徳川大坂城東六甲採石場甲山刻印群E地区調査報告」（『関西学院考古』第一〇号　二〇〇七年）
高田祐一・望月悠佑「甲山刻印群E地区と肥前鍋島家の関係について」（『関西学院考古』第一〇号　二〇〇七年）
『徳川大坂城東六甲採石場―国庫補助事業による詳細分布調査報告書―』（兵庫県教育委員会　二〇〇八年）
生駒幸子・森田雅也編著『西宮のむかし話　児童文学から文学へ』（関西学院大学出版会　二〇一一年）
池原拓哉「徳川大坂城東六甲採石場越木岩刻印群」（『歴史と神戸』第二八七号　二〇一一年）
森岡秀人・坂田典彦編著『徳川大坂城東六甲採石場Ⅳ　岩ヶ平石切丁場跡―芦屋市岩園町宅地造成工事に伴う埋蔵文化財事前発掘調査の記録と成果―』（芦屋市文化財調査報告　第六〇集　芦屋市教育委員会　二〇〇五年）

## 第四章　上ケ原台地の開発


高埜利彦『集英社版日本の歴史⑬　元禄・享保の時代』（集英社　一九九二年）
渡邊久雄『甲東村（社会科郷土研究の一例）』（葛城書店　一九四八年）
渡邊久雄『甲東村から　呉下の阿蒙』（神戸新聞総合出版センター　一九九三年）
木村礎『近世の新田村』（吉川弘文館　一九六四年）
『週刊朝日百科日本の歴史（新訂増補版）　開発と治水』（近世Ⅰ―⑦　朝日新聞社　二〇〇三年）
木村茂光編『日本農業史』（吉川弘文館　二〇一〇年）
水本邦彦『草山の語る近世』（日本史リブレット52　山川出版社　二〇〇三年）
水本邦彦『村　百姓たちの近世』（シリーズ日本近世史②　岩波新書　二〇一五年）
『神戸市水道七〇年史』（神戸市水道局　一九七三年）


## 第五章　戦争の痕跡


吉田裕『アジア・太平洋戦争』（シリーズ日本近現代史⑥　岩波新書　二〇〇七年）
園田昌一『回想録　西宮海軍航空隊』（私家版　上ケ原文庫　一九九四年）
黒田満「尼中から予科練へ―西宮海軍航空隊の思い出―」（『地域史研究―尼崎市立地域研究史料館紀要―』六三号　一九九二年）
佐々木和子「川西航空機宝塚製作所について―七月二四日の爆撃を中心に―」（『市史研究紀要たからづか』第一六号　一九九九年）
『社史1　新明和工業株式会社』（新明和工業株式会社　一九七九年）
碇義朗『最後の戦闘機　紫電改』（光人社NF文庫　潮書房光人社　二〇一四年［新装版］、単行本一九九四年）
西成田豊『労働力動員と強制連行』（日本史リブレット99　山川出版社　二〇〇九年）
『関西学院高中部百年史』（関西学院高中部　一九八九年）
池田忠詮「戦争と関西学院中学部」（『関西学院史紀要』第一三号　二〇〇七年）
『聖和八十年史　一八八〇年―一九六〇年』（聖和女子短期大学　一九六一年）

『小林聖心女子学院50年史』（小林聖心女子学院　一九七三年）
手塚治虫『ぼくのマンガ人生』（岩波新書　一九九七年）
兵庫朝鮮関係研究会編『地下工場と朝鮮人強制連行』（明石書店　一九九〇年）
プレート起草委員会・関西学院学院史編纂室編『関西学院史紀要 資料集Ⅰ　旌忠碑』（関西学院　二〇〇四年）

## ■第六章　阪神・淡路大震災

北原糸子編『日本災害史』（吉川弘文館　二〇〇六年）
神戸新聞社編『大地震 地下で何が』（神戸新聞総合出版センター　一九九六年）
深尾良夫『地震・プレート・陸と海　地学入門』（岩波ジュニア新書　一九八五年）
石橋克彦『大地動乱の時代―地震学者は警告する―』（岩波新書　一九九四年）
川辺孝幸「一九九五年兵庫県南部地震における液状化災害―とくに仁川百合野台の斜面崩壊について―」（『東北地域災害科学研究』第三二巻　一九九六年）
小林一輔『コンクリートが危ない』（岩波新書　一九九九年）
早川和男『居住福祉』（岩波新書　一九九七年）
寒川旭『地震の日本史　大地は何を語るのか』（中公新書　二〇一一年［増補版］、初版は二〇〇七年）
伊藤和明『日本の地震災害』（岩波新書　二〇〇五年）
関西学院宗教活動委員会・関西学院大学編『風に想う　関西学院、阪神・淡路大震災 学生・教職員犠牲者追悼文集』（関西学院　一九九五年）
ＵＮＮ関西学生報道連盟「ＵＮＮ震災特集　10年目の被災下宿　変わりゆくまちで」（二〇〇五年　http://home.kobe-u.com/top/newsnet/sinsai/sp05/05sp.html）

# おわりに

学生時代から一三年間、私は上ケ原で生活してきました（現在は大阪府に居住）。いつのころからか、この馴染みのある上ケ原の歴史について、自分なりに調べ、書いてみたいと思うようになりました。また、長年お世話になっている関西学院大学に、上ケ原の歴史について著したものが一冊くらいあってもいいのではないか、との思いもありました。今回、執筆する機会を頂戴し、念願を果たすことができました。まだ書くべきことがいくつかあり、それを盛り込めなかったことが心残りですが、今後の課題としたいです。西宮市の、さらに上ケ原という限定された地域の歴史について、本当に書くことができるのかという不安もありましたが、調べてみると案外多くの歴史があることがわかり、こうして、なんとか書き終えることができました。

本書で述べたことがらは、これまで折に触れて大学の講義で扱った内容が基礎になります。けれども、私の理解不足・勉強不足から、講義ではことの表面しか扱ってきませんでした。したがって本書の内容は、講義ノートを増補した程度では済まず、先学の成果に学びながら、はじめから調べなおしたものとなりました。執筆中、これまでよくそのレベルで講義をしたものだと、自身の知識の浅薄さを思い知らされました。もっとも、講義で扱わなければ、本書を実際に執筆しようとは思わなかったことでしょう。「教えることは学ぶことである」。まがりなりにもこれを実践したということで、どうかご寛恕ください。

各章には、それぞれ、執筆するきっかけや個人的な思い入れがあります。蛇足ながら簡単に記します。

第一章「古墳のあるキャンパス」　私が関西学院大学文学部史学科に入学したとき、まっ先に見に行ったのが関学古墳でした。古墳のある大学。これはかなり素敵な環境ではないでしょうか。本章の名称は、武藤誠氏が草された文章の題名を、とてもよい表現なので借用しました。古墳のある大学はそうそうないぞと自慢に思う反面、上ケ原古墳群を破壊した、その片棒を担いだのがわが母校と知り、かなり複雑な気持ちです。

第二章「鳴尾村の義民」中世鳴尾村の相論は、日本史研究の世界では有名な話です。この話を執筆する直接のきっかけは、近年、大学の仕事で鳴尾地区の小学校をいくつかまわり、鳴尾の地を身近に感じるようになったことです。不思議なことに、歴史の舞台となった現地を歩くと、その地の歴史がとても身近に感じられるようになります。研究上必要なことなのですが、現地を歩くことの大切さを再認識しました。

第三章「甲山森林公園の刻印石」甲山刻印群の存在は学生たちから教わりました。二〇〇三年秋の関西学院大学の学園祭で、同大学の考古学研究会が甲山刻印群に関する優れた展示を行いました。その展示に接したことが、東六甲に広がる刻印群（石切丁場跡）について認識する第一歩となりました。学生時代、授業をサボって（時々です）散歩した甲山公園が、このような歴史的意義のある場であったとは。新鮮な驚きでした。

第四章「上ケ原台地の開発」かつて居住していた下宿のすぐ側を上ケ原用水が流れ、下宿前の田んぼには上ケ原用水から水が引かれていました。当時は護岸があまりなされていなかったせいか、夏になると分水樋のあたりではホタルが見られました。今はどうなのでしょうか。上ケ原用水は上ケ原の歴史を語る上で重要な存在であり、用水路として今も生きています。関学構内を流れる用水路を見るにつけ、歴史の重なりを感じます。

第五章「戦争の痕跡」いつのころだったか、関学の時計台前に集合した出陣学徒の写真に接し、これはイカンと思いました。彼らは数十年前の自分です。また、講義の準備で川西航空機宝塚製作所の空爆写真を何気なく見たとき、爆煙の隣りに関学が写っていることに気づき、ふたたびイカンと思いました。関学・上ケ原周辺と戦争について考えるきっかけは、この二枚の写真にあったと思います。あまりにも身近な例でした。

　第六章「阪神・淡路大震災」経験者にとってこの震災は、つい先日の出来事のように感じられます。その感覚で震災の話を講義中にすると、とくに近年の学生は真剣に受け止めてくれます。震災を経験していないだけに、本題の講義内容よりも新鮮で印象深いようなのです。二〇年という歳月は、社会が共有する経験・記憶が薄れていく一つの節目なのかもしれません。震災は現代史の一部になったのだと観念しました。それと同時に、地震活動期の最中にある今日だからこそ、震災について現実感を持って考える必要性を強く感じています。


　本書をなすにあたり、金子直樹氏（関西学院大学教育学部）には親身なるご教示をいただき、地図の作成でもご助力をいただきました。写真資料の提供・撮影については、高木久留美氏（関西学院大学学院史編纂室）・井戸田史子氏（関西学院大学図書館古文書室）・森本好則氏（関西学院大学経済学部名誉教授）・三枝卓馬氏（神戸女学院総務部）・長縄太郎氏（神戸市水道局事業部上ヶ原浄水事務所）、小林聖心女子学院・兵庫県立西宮高等学校・仁川百合野町地区地すべり資料館のご高配をたまわりました。城淳子氏（関西学院大学教育学部実習支援室）には西宮市の学校教材についてお力添えをいただき、現地調査では石上禎起君（関西学院大学教育学部四回生）の協力をえました。ご助力いただいたすべての方々のご厚情に、末筆ながら、記して謝意を表します。

　関西学院大学出版会の田中直哉・戸坂美果両氏には、本書の企画から執筆・出版にあたり、大変お世話になりました。脱稿がたびたび遅れ、もはやこれまでと思うこともしばしばでしたが、根気よくお待ちいただき、適切なるアドバイスを頂戴しました。ここに深謝いたします。そして、私を支え続けてくれる家族に感謝いたします。

二〇一六年八月

中村直人

著者略歴

中村 直人（なかむら なおと）

1972 年、神奈川県生まれ。1995 年、関西学院大学文学部史学科（日本史学専修）卒業。2001 年、関西学院大学大学院博士課程文学研究科（日本史学専攻）所定単位修得済退学。現在、関西学院大学教育学部准教授。専門は日本中世史。共著『改訂 九度山町史（通史編）』（九度山町　2009 年）、共編『奈良市璉珹寺の歴史と下間家文書目録－平城京紀寺と西本願寺坊官下間家－』（大阪樟蔭女子大学璉珹寺（紀寺）総合学術調査団　2015 年）、論文「中世の地方寺院と地域－鎌倉・南北朝期の摂津国勝尾寺と周辺地域－」（荘園・村落史研究会編『中世村落と地域社会－荘園制と在地の論理－』高志書院　2016 年）ほか。

歴史のなかの上ケ原

西宮市上ケ原、古墳から震災まで

2016 年 9 月 30 日初版第一刷発行

著　者　中村直人

発行者　田中きく代
発行所　関西学院大学出版会
所在地　〒 662-0891
　　　　兵庫県西宮市上ケ原一番町 1-155
電　話　0798-53-7002

印　刷　株式会社クイックス


Printed in Japan by Kwansei Gakuin University Press
ISBN 978-4-86283-226-9